Praxishandbuch
SU-Vergaser

Baureihen H, HD, HS, HIF

EDITION
OLDTIMER MARKT
Europas größte Zeitschrift für klassische Autos und Motorräder

Des Hammill

Praxishandbuch SU-Vergaser

Baureihen H, HD, HS, HIF

HEEL

IMPRESSUM

HEEL Verlag GmbH
Gut Pottscheidt
53639 Königswinter
Tel.: (0 22 23) 92 30-0
Fax: (0 22 23) 92 30 26
E-Mail: info@heel-verlag.de
Internet: www.heel-verlag.de

Englischer Originaltitel: How To Build & Power Tune SU Carburettors

Titelfoto: © by Tim Andrew
Deutsche Übersetzung: Wulf D. Brand
Lektorat: Joachim Hack

Printed and bound in Czech Republic

ISBN 978-3-89880-129-4

INHALT

EINLEITUNG

Dieses Buch richtet sich an all jene, die SU-Vergaser an ihren Fahrzeugen selbst einstellen wollen. Die Bauart des Motors und die Anzahl der Vergaser sind hierbei unerheblich. In diesem Buch wird der Aufbau und die Einstellung der Vergaser einschließlich der Auswahl der Düsennadeln für jeden erdenklichen Anwendungsbereich erklärt. Ebenfalls wird die praktische Überprüfung am Motor mit Abstimmung der Ansaugkanalgestaltung behandelt, um so durch eine ganzheitliche Betrachtung die optimale Leistungsausbeute zu erzielen.

Der SU-Vergaser ist eine sehr solide Konstruktion, die sich vor allem durch hervorragende Leistung in allen Drehzahl- und Lastbereichen bei erstaunlich niedrigem Kraftstoffverbrauch auszeichnet. Die Dimensionierung der SU-Vergaser war in der Vergangenheit sehr vielfältig, seit den letzten 40 Jahren überwiegen jedoch Ausführungen mit den Abmessungen $1\,^1/_4$ Zoll, $1\,^1/_2$ Zoll, $1\,^3/_4$ Zoll und 2 Zoll Durchmesser des Einlasskanals. Seltener sind Vergaser mit den Abmessungen $1\,^1/_8$ Zoll sowie die erst in jüngerer Zeit vorgestellten Versionen mit $1\,^7/_8$ Zoll, 38 mm und 44 mm Durchmesser des Einlasskanals. Das bedeutet, dass mit den verfügbaren SU-Vergasern eine große Palette an Motorgrößen abgedeckt werden kann und wenn ein einzelner Vergaser nicht ausreicht, so können Zweifach-, Dreifach- oder gar Vierfach-Vergaseranlagen den erforderlichen Bedarf an Luft-Kraftstoff-Gemisch in jedem Fall decken. In der Mehrheit der Fälle wurde an serienmäßig gefertigten Fahrzeugen jeweils nur ein SU-Vergaser eingebaut. Es gab jedoch auch Ausnahmen, wie den Jaguar E-Typ mit Dreifach-Vergaseranlage und den Mini Cooper mit Zweifach-Vergaseranlage. Viele der sportlichen Versionen viertüriger Limousinen mit Vierzylinder-Reihenmotor, insbesondere jener von BMC bzw. BLMC wurden im Laufe der Jahre ab Werk mit Zweifach-Vergaseranlagen der Bauart SU hergestellt. Bei diesen Fahrzeugen mit Zweifach-Vergaseranlage trifft man häufig das Problem der Synchronisierung der Drosselklappe beider Vergaser an. Die Lösung dieses Problems besteht in der Messung des Luftdurchsatzes mit einem Messgerät (z.B. Motometer) und, falls erforderlich, der Neueinstellung der Vergaser. Sofern der Motor selbst keine baulichen Veränderungen erfahren hat, sind die Standard-Düsennadeln immer die richtige Wahl. Selbst eine geringfügige Modifizierung am Motor, wie z.B. der Einbau eines Zylinderkopfes mit höherer Verdichtung oder aufgeweiteten Ansaug- und Auslasskanälen, kann jedoch die Bestückung mit anderen Düsennadeln erforderlich machen. Es ist immer ratsam, die Reihenfolge der Arbeitsschritte zur korrekten Vergasereinstellung am vorhandenen Motor in Kapitel 7 dieses Buches zu befolgen. Hat man es mit einem gebrauchten Vergaser zu tun, so wurden im Laufe der Jahre sicherlich einige Teile ersetzt, wobei es dann fragwürdig ist, ob immer die richtige Wahl erfolgte. Es ist gut möglich, dass ein derartiger Vergaser keinesfalls mehr der Standardausführung entspricht. Das Augenmerk sollte bei einem solchen Verdacht zuerst der Überprüfung der Düsenbestückung gelten. Es ist bisweilen erstaunlich, wie viele ältere Fahrzeuge nicht mehr mit der Standard-Düsenbestückung in ihren Vergasern herumfahren! Seit seiner Markteinführung haben fortschrittlich denkende Geschäftsleute und Privatpersonen den SU-Vergaser unter Verwendung maßgeschneiderter Ansaugkrümmer aus Leichtmetallguss oder eigener Ansaugkrümmerkonstruktionen an allen nur erdenklichen Motoren angebaut. Der Rover-V8 kann z.B. mit einem aus Stahl gefertigten Ansaugkrümmer von der serienmäßigen Zweifach- auf eine Vierfach-Vergaseranlage umgerüstet werden. Diese Ausführung der Gemischbildungsanlage verträgt der Rover-V8 sehr gut, wenn man die Synchronisierung der vier Drosselklappen bei Leerlaufdrehzahl und aus dem Leerlauf heraus in den Teillastbereich arbeitend sorgfältig einstellt. Diese Bauart erweist sich als sehr vorteilhaft, insbesondere in Bezug auf die bessere Verteilung und somit Ausnutzung des Kraftstoffs im Vergleich zum Standard-Ansaugkrümmer. Als Neuteil schlägt diese Gemischbildungsanlage mit hohem Anschaffungspreis zu Buche, als Gebrauchtteil wird sie erschwinglicher. In jedem Fall lässt sich an dieser Ausführung des Ansaugtrakts mit Vierfach-Vergaseranlage von SU klar erkennen, welches Potenzial in dieser Vergaserbauart steckt. SU-Vergaser eignen sich sehr wohl zur Leistungssteigerung, tragen jedoch nicht das erforderliche Image, um auch allgemein als z.B. zum Motorsport taugliche Ausrüstung anerkannt zu werden. Zu Unrecht, da die Vergaser der Bauart SU der Leistungsfähigkeit eines Weber- oder Dellorto-Querstromvergasers nur geringfügig nachstehen. Der SU-Vergaser hat gegenüber den Querstromvergasern, deren Abmessungen des Lufttrichters fest stehen, den Vorteil der besseren Wirtschaftlichkeit über den gesamten Drehzahlbereich hinweg. Im Vergleich ist der Einbau einer SU-Vergaseranlage auch wesentlich kostengünstiger, als das bei den besagten, aus dem Motorsport bekannten Querstromvergasern der Fall ist. Es besteht kein Grund, im Streben nach merklicher Leistungssteigerung einen mit SU-Vergasern ausgestatteten Motor auf z.B. Weber- oder Dellorto-Vergaser umzurüsten. Das erwünschte Ergebnis lässt sich auch durch Feineinstellung und Abstimmung des vorhandenen SU-Vergasers erzielen. Um jedoch in punkto Gasannahme und spontaner Leistungsentfaltung mit den Querstromvergasern gleich zu ziehen, muss der SU-Vergaser modifiziert werden. Die für eine merkliche Verbesserung des Beschleunigungsvermögens erforderlichen Änderungen sind jedoch keinesfalls so umfangreich, als dass sie den Aufwand nicht rechtfertigen würden. Im Idealfall würde man je Zylinder einen SU-Vergaser einbauen wollen, was aber selten vorkommt. Nahezu alle Motorräder aus Japan sind mit den dem SU-Vergaser ähnlichen Gleichdruckvergasern mit einem Vergaser je Zylinder ausgestattet und wie man weiß sind Beschwerden über das Beschleunigungsvermögen der japanischen Motorräder äußerst selten. Beachtenswert ist aber auch, dass diese Gleichdruckvergaser schon von der Konstruktion des Motors an in ihren Abmessungen und ihrer Düsenbestückung exakt an den betreffenden Einsatzbereich angepasst wurden. Auch ist die Steuerung der Drosselklappen an diesen Motorradmotoren äußerst präzise ausgeführt. Im Straßeneinsatz erweist sich der SU-Vergaser immer den anderen üblichen Vergaserbauarten ebenbürtig, übertrifft jedoch alle in Sachen Sparsamkeit im Kraftstoffverbrauch. Darin liegt wirklich die Stärke des SU-Vergasers, was nicht zuletzt auf den Wegfall einer Beschleunigerpumpe zurück zu führen ist, die bei allen anderen Vergaserbauarten je nach Fahrweise zu teilweise überhöhtem Kraftstoffverbrauch führen kann. Grundbedingung für die Sparsamkeit des SU-Vergasers ist jedoch die korrekte Wahl der Düsennadel. Man darf jedoch nicht erwarten, dass ein anderweitig leistungsgesteigerter Motor durch Verwendung eines SU-Vergasers sparsamer läuft, als die Serienversion des Motors. Er wird jedoch sparsamer laufen, als der selbe Motor, wenn er mit einer anderen Vergaserbauart ausgerüstet sein würde. Eine Leistungssteigerung bedeutet ja immer, dass im selben Zeitraum mehr Antriebskraft erzeugt werden kann. Die Energie im Kraftstoff wird durch die Leistungssteigerung nur schneller umgewandelt und der Kraftstoffverbrauch steigt entsprechend des schnelleren Fortkommens, da zu jedem Zeitpunkt dem Motor mehr Luft-Kraftstoff-Gemisch zugeteilt werden kann, als es bei der Serienausführung des Motors der Fall. Erfolgt im Bemühen um eine Leistungssteigerung jedoch eine mangelhafte Abstimmung der Formgebung des Zylinderkopfes und der Ansaugkanäle, der Ventilsteuerung, der Zündzeitpunktverstellung und der Gemischbildung aufeinander, so wird ein überhöhter Kraftstoffverbrauch ohne Zweifel die Folge sein. So genannte „scharfe" Nockenwellen können sich ebenso negativ auf den sparsamen Umgang mit Kraftstoff auswirken, wenn sie in einem modifizierten Zylinderkopf zur Anwendung kommen. Das liegt daran, dass diese Nockenwellen für die Leistungssteigerung bei Verwendung eines Standard-Zylinderkopfes ausgelegt wurden, der konstruktiv gewollte Gaswechsel durch die größere Luftmenge, die durch modifizierte Zylinderköpfe strömt, jedoch verzerrt wird. Bei der Leistungssteigerung eines Motors kommt es also auf die Abstimmung aller Bauteile aufeinander an. Man darf durch bloßes Auswechseln von Baugruppen keine Verbesserung der Leistung oder der Sparsamkeit im Kraftstoffverbrauch erwarten.

Schlecht abgestimmte und mit unrealistisch ausgewählten Bauteilen bestückte „Hochleistungsmotoren" werden nur zweierlei tun: viel Sprit verbrauchen und wenig Leistung bringen. Viele Beschwerden über Leistungsverlust an mit SU-Vergasern ausgestatteten Motoren sind auf die Formgebung des Ansaugkrümmers zurück zu führen, insbesondere den Querschnitt der Ansaugtrakte vom Vergaser zum Zylinder. Das Problem lässt sich unter Umständen recht einfach durch Vergrößern der Einlasskanäle auf eine geeignete Dimensionierung bzw. eine bessere Gestaltung der Einlasskanalform beheben. Letztere Maßnahme würde ein Glätten der Krümmungen in den Rohren des Ansaugkrümmers und ein Abschleifen scharfkantiger Konturen bedeuten. Von einem Polieren der Oberfläche im Ansaugtrakt stromabwärts des Vergasers ist jedoch grundsätzlich abzuraten, da dann der Verwirbelungseffekt zwischen an diesen Oberflächen niedergeschlagenem Kraftstoff und der Ansaugluft entfallen bzw. vermindert werden würde. Gerade diese aufgrund der durch „Körnung" des Gussstücks vorhandenen Unebenheiten an der inneren Oberfläche des Ansaugtrakts entstehende Verwirbelung ist jedoch einer gründlichen Vermengung des Kraftstoffs mit der Ansaugluft äußerst zuträglich. Letztendlich begrenzt die Querschnittsfläche des Ansaugkrümmers aber die Luftmenge, die dem Motor überhaupt zugeführt werden kann und somit auch seine potenzielle Leistungsfähigkeit. Es nützt also nichts, diverse Teile gegen „Tuning-Teile" auszutauschen und dann mit dem unveränderten Ansaugkrümmer des Serienmotors auf eine höhere Leistungsausbeute zu hoffen. Der Ansaugkrümmer ist bei der Leistungssteigerung ganz entscheidend und Vergaser und Ansaugkrümmer müssen hierbei immer optimal aufeinander abgestimmt sein. Beim Ansaugkrümmer ist das Innenleben entscheidend. Kauft man einen so genannten „Tuning-Krümmer" oder ähnlich hochtrabend angepriesenes Bauteil, so erlebt man oft eine Enttäuschung, weil die Querschnittsflächen der Einlasskanäle kaum vergrößert sind. Die Bearbeitung des Serien-Krümmers hätte es dann auch getan oder gar noch bessere Ergebnisse erzielt. Zuerst einmal ist es wichtig, dass Durchmesser und Formgebung der Querschnittsfläche des Einlasskanals am Vergaserflansch exakt mit der korrespondierenden Drosselklappenbohrung am Vergaser übereinstimmen. Hier darf es am Übergang des Flansches keine scharfen Kanten geben – auch nicht von einer nicht passgenau eingesetzten Dichtung. Ebenfalls müssen die Querschnittsflächen der Einlasskanäle mit jenen am Zylinderkopfflansch deckungsgleich übereinstimmen. Man geht hierbei davon aus, dass der Zylinderkopf bereits an den Einlasskanälen modifiziert wurde. Die Menge des abzutragenden Materials wird letztlich durch die Wandstärke des Ansaugkrümmers begrenzt – man kann hier die Kanäle gar nicht

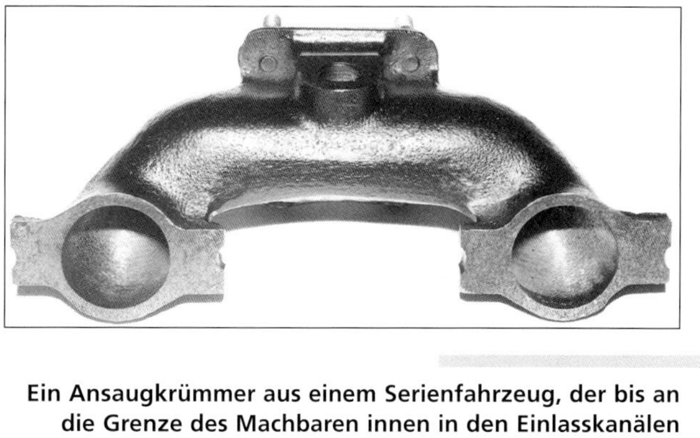

Ein Ansaugkrümmer aus einem Serienfahrzeug, der bis an die Grenze des Machbaren innen in den Einlasskanälen aufgeweitet wurde.

Diese Grundplatte des HIF-Vergasers ist mit einem O-Ring ausgestattet.

Die Hauptdüse des HIF-Vergasers wird durch Drehen dieser Schraube angehoben oder abgesenkt.

groß genug gestalten. „Zu viel des Guten" gibt es in diesem Fall nicht. Den Zylinderkopf muss man dann in seinen Einlasskanälen an den Ansaugkrümmer anpassen. Natürlich muss der Querschnitt des Ansaugtraktes nicht nur an den beiden Übergangsstellen vergrößert werden, sondern entlang seiner gesamten Länge. Sonst bleibt der erhoffte Leistungszuwachs aus. Erfolgt dann beim Ausschleifen des Einlasskrümmers doch einmal unerwartet der „Durchbruch", so lässt sich der Schaden an Leichtmetall-Krümmern durch TIG-Schweißen reparieren, während man ihn bei Grauguss-Krümmern mit Hartlöten beheben kann. Den Stabilitätsverlust durch Abtragen von Material im Ansaugkrümmer kann man

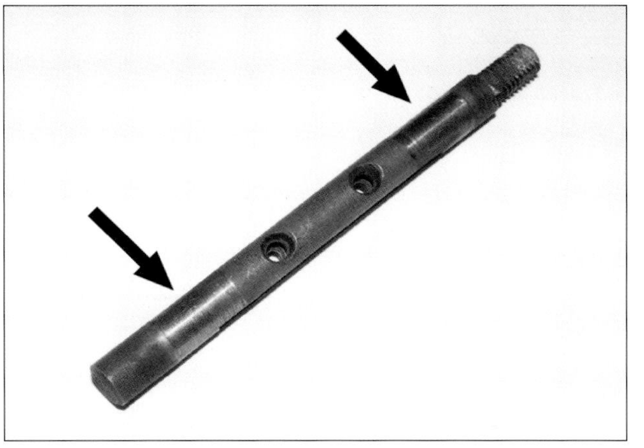

Eine nachhaltig verschlissene Drosselklappenwelle (Laufspiel: 0,17 mm), die ersetzt werden muss.

z.B. durch Anschweißen von Stegen ausgleichen, denn es ist ohne Weiteres möglich, so viel Material aus dem Ansaugtrakt heraus zu schleifen, dass der Krümmer im Einsatz bricht und die daran angeflanschten Vergaser mit dem abgebrochenen Teil ganz einfach vom Motor abfallen. Die von diesem Szenario ausgehende Gefahr dürfte jedermann klar sein und sowohl bei Straßeneinsatz als auch auf der Rennstrecke muss der Sicherheitsaspekt beim Aufweiten von Ansaugkrümmern vorrangig bedacht werden!

SU-Vergaser sind gebraucht recht kostengünstig zu erwerben und finden sich noch in nicht zu vernachlässigender Anzahl auf Schrottplätzen in aller Welt. Die Vergaserbauart als solches ist recht verschleißfest und ein Vergaser muss schon eine sehr hohe Kilometerleistung aufweisen, um eine weitere Nutzung sinnlos zu machen. Ein klares Zeichen von Verschleiß ist der Schlag der Drosselklappenwelle in ihren Bohrungen des Vergasergehäuses. Der Verschleiß liegt dann entweder nur an der aus Messing bestehenden Drosselklappenwelle selbst vor, oder aber in den Bohrungen des Vergasergehäuses. Letzteres Schadensbild würde ein Aufbohren und Einpressen von Buchsen erforderlich machen, während sonst einfach die Drosselklappenwelle zu ersetzen ist. Die Drosselklappenwelle darf natürlich kein Spiel haben, da sonst Falschluft in die Gemischbildungsanlage gelassen wird und die korrekte Einstellung des Vergasers unmöglich wird. So wird bei allen in diesem Buch beschriebenen Verfahren zur Ver-

Zapfen des Saugkolbens mit Sprengring an einem HIF-Vergaser.

gasereinstellung davon ausgegangen, dass an der Drosselklappenwelle keine Falschluft in den Ansaugluftstrom eintreten kann. Wenn man bei der Auswahl des Vergasers keinen Beschränkungen unterliegt, so ist den später produzierten Vergasern des Modells HIF eindeutig der Vorzug zu geben. Das Kürzel steht für H = Horizontal, I = Integral, F = Schwimmerkammer (Float Chamber). Es handelt sich also um einen SU-Vergaser mit waagerecht angeordneter, integrierter Schwimmerkammer. Der Vorteil liegt hierbei in der Einstellung des Düsennadelsitzes über eine seitlich angebrachte Schraube an Stelle der Vielfalt an Muttern, Federn und Dichtungen unterhalb des Vergasers, wie sie an den früher hergestellten SU-Vergasertypen anzutreffen sind. Bei der Bauweise des Typs HIF tritt allerdings eine seitlich wirkende Belastung des Düsennadelsitzes auf, die früher oder später eine ovale Verformung der Düse bewirkt. Die Düsennadel selbst ist im Vergleich zum Düsennadelsitz wesentlich länger formstabil. Ein weiterer Vorteil des HIF-Vergasers liegt im Wegfall der diversen Dichtungen an der Unterseite des Vergasers, die üblicherweise Quelle von Kraftstoffundichtigkeiten sind. Aus diesem Grunde machen die HIF-Vergaser an einem alten Fahrzeug auch immer einen besseren äußeren Eindruck, als dies die davor gefertigten SU-Vergaser mit einer vergleichbaren Laufleistung tun würden.

Beim Zerlegen des HIF-Vergasers erweist sich der Sprengring am Kolbenzapfen als vorteilhaft, da er ein Herausfallen des Kolbens beim Abnehmen des Sauggehäusedeckels verhindert. Im Laufe der Entwicklung des SU-Vergasers wurde diese Bauart wirklich bis zur Perfektion durchkonstruiert, so dass man beim HIF-Vergaser mit Fug und Recht sagen kann, dass alle Kinder-

Die letzte Version des HIF-Vergasers vom Typ SU HIF44.

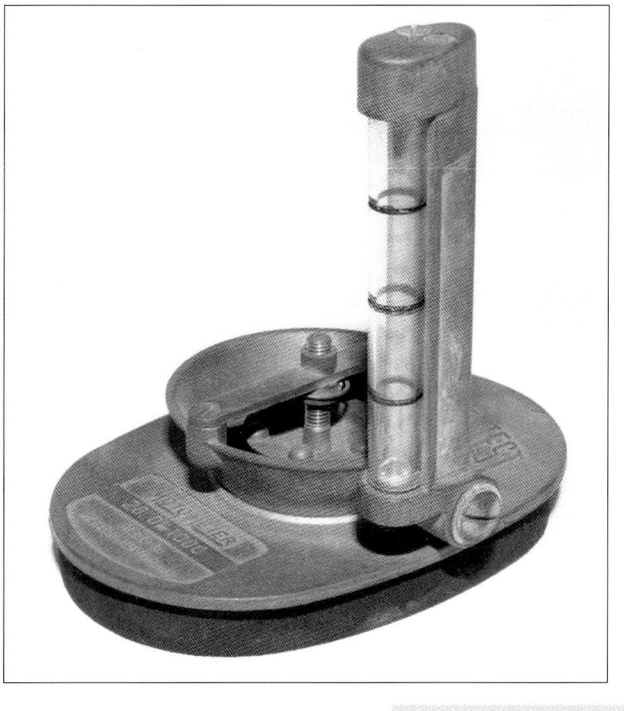

Luftmengenmessgerät der Firma Motometer.

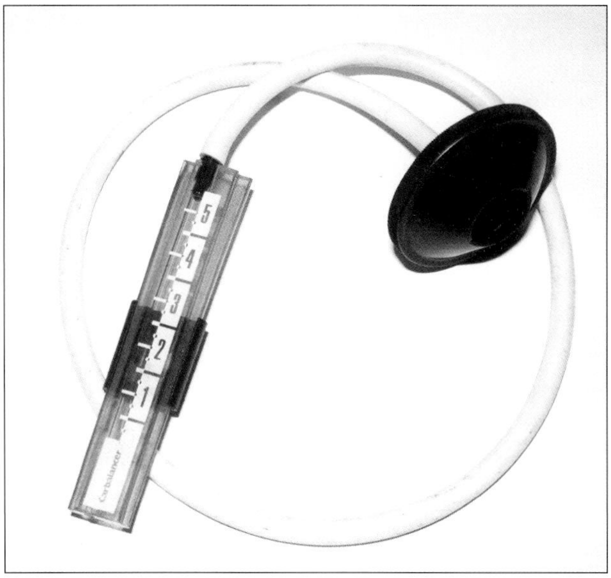

Luftmengenmesser der Firma Gunson mit der Bezeichnung „Carbalancer".

krankheiten und bauarteigenen Nachteile behoben oder ausgeglichen wurden. Die früheren SU-Vergasermodelle sind von der Leistung her dem Typ HIF ebenbürtig, wenn sie sich in gutem Zustand befinden.

Es kann nicht behauptet werden, dass SU-Vergaser mehr Leistung bringen können als andere Vergaserbauarten. Der SU-Vergaser steht diesen aber auch nicht nach. Das gilt insbesondere für Motoren mit Weber- oder Dell Orto-Querstromvergasern, an denen sich mit SU-Vergasern Leistungswerte auf gleichem Niveau erzielen lassen. Ein Vorteil der SU-Vergaser liegt aber in der im Vergleich zu anderen Vergasern erhöhten Verschleißfestigkeit. Wohl leiden die SU-Vergaser auch an ausgeschlagenen Drosselklappenwellen und Lagerbuchsen, lockeren Gasgestängen und porösen Dichtungen, wie dies bei anderen Großserienvergasern der Fall ist. Diese Alterserscheinungen treten jedoch erst nach einer wesentlich höheren Laufleistung auf. Ein derartiger Verschleiß tritt letztendlich durch einen Leistungsverlust des Motors bzw. unrunden oder instabilen Leerlauf zu Tage. Insbesondere im Motorsporteinsatz sollten deshalb nur neuwertige SU-Vergaser zum Einsatz kommen.

An Anlagen mit mehreren Vergasern ist die Synchronisierung ein Problem, obwohl die ab Werk gelieferten Gestänge im Regelfall robust genug sind, um auch härtesten Einsatzbedingungen Stand zu halten. Drosselklappenwellen, die im Vergasergehäuse ein Spiel zwischen 0,125 bis 0,25 mm oder darüber aufweisen, müssen unbedingt ersetzt werden. Sonst wird sich nie eine konstante Leerlaufdrehzahl einstellen lassen, weil die Drosselklappe durch Klemmen der Drosselklappenwelle immer in einer etwas anderen Stellung am Anschlag anliegt, als nach der vorherigen oder nachfolgenden Betätigung des Gaspedals. Die Abweichung der Leerlaufdrehzahl kann mehrere 100 Umdrehungen pro Minute betragen und dauerhafte Abhilfe schafft hier nur das Einsetzen neuer Buchsen und einer neuen Drosselklappenwelle. Erst wenn die Drosselklappen vom Leerlaufanschlag abgehoben sind, zeigt sich, ob eine exakte Synchronisierung der Drosselklappenwellen besteht. Der Luftdurchsatz durch alle Vergaser muss genau gleich sein, sonst erfolgt ein Leistungsverlust. Unterscheiden sich die Drosselklappen der einzelnen Vergaser im Anstellungswinkel, so führt dies natürlich zu Abweichungen des Luftdurchsatzes. Diesen Luftdurchsatz, also die bei einer bestimmten Leerlaufdrehzahl durch den Vergaser strömende Luftmenge misst man mit einem Luftmengenmessgerät von z. B. den Firmen Motometer oder Gunson. Die Tage, als man mit einem simplen, am Ohr angesetzten Schlauch am Vergaserlufteinlass horchte, um anhand der Tonlage des Zischgeräusches der in den Vergaser strömenden Luft einen Vergleichswert für den Luftdurchsatz zu erhalten, sind vorbei. Die genannten Luftmengenmessgeräte sind teilweise recht preiswert und insbesondere das Gerät der Firma Gunson ist besonders exakt.

Die Investition in ein solches Messgerät, auch in die etwas teurere Variante der Firma Motometer, macht man auf jeden Fall bei den nächsten drei Tankfüllungen wieder gut, denn die Synchronisierung des Luftdurchsatzes an Mehrfach-Vergaseranlagen ist quasi kriegsentscheidend für eine nachhaltige Leistungsausbeute des Motors.

Unterschiede im Luftdurchsatz erreichen schnell 10 % und mehr, so dass der Motor letztendlich „gegen sich selbst kämpfen" muss, d.h. die Zylinder, die mehr Luft-Kraftstoff-Gemisch zugeteilt erhalten, müssen die benachteiligten Zylinder noch teilweise mit antreiben. Die Synchronisierung der Drosselklappenwellen muss regelmäßig geprüft werden, am besten alle 6 Monate für Straßenfahrzeuge und täglich vor jedem Renneinsatz bei Fahrzeugen im Motorsport. Man muss sich unbedingt die Zeit nehmen, die Synchronisierung der Drosselklappenstellung oberhalb des Leerlaufanschlags, also im Teillast- bis Volllastbereich mit dem Luftmengenmessgerät sicher zu stellen. Dieser Faktor kann über Sieg oder Niederlage in einem Rennen entscheiden. Treten beim Einstellen der Synchronisierung der Drosselklappen Probleme auf, so sind diese fast immer auf die Drosselklappenwellen und die entsprechenden Buchsen bzw. Bohrungen im Vergasergehäuse zurück zu führen. Erst wenn an den Drosselklappenwellen kein Spiel festzustellen ist, sollte man bei der Fehlersuche die Übertragungs- und Verbindungsgestänge zwischen den Vergasern in Betracht ziehen. Diese Gestänge dürfen keinen nennenswerten Leerweg aufweisen und natürlich auch nicht verbogen sein. Reparatursätze und Ersatzteile für alle SU-Vergaser sind weltweit erhältlich.

Die Original-Ersatzteile für SU-Vergaser werden weiterhin von folgender Firma hergestellt:

Burlen Fuel Systems Ltd.
Spitfire House
Castle Road, Salisbury,
Wiltshire, England
SP1 3SA
Tel.: 01722 412500
Fax.: 01722 334221

Im Prinzip ist diese Firma mit SU gleich zu setzen, da sie die Lizenz zur Fertigung sämtlicher Teile besitzt. Die Teile werden in Original-SU-Verpackung geliefert und können auch direkt bestellt werden, wenn kein Händler im Inland diese führt.

Für den SU-Vergaser gibt es mehr als 800 verschiedene Typen von Düsennadeln, so dass wirklich jeder erdenkliche Anwendungsbereich abgedeckt wird. Im Regelfall lässt sich das gewünschte Ergebnis mit einer ganzen Bandbreite von Düsennadeln erreichen, weil die Abstufung der Größen derart fein ist. Die Unterschiede beim Einsatz verschiedener Düsennadeln sind meist sehr geringfügig. Beim Einstellen des Vergasers und Abstimmen auf einen Motor ist die Auswahl der Düsennadeln von entscheidender Wichtigkeit. Ein mit der falschen Düsennadel bestückter Vergaser wird den Motor, an dem er angeflanscht ist, nie richtig laufen lassen. Die in diesem Buch erwähnten Düsennadeln sind die ab Werk verwendeten, obwohl ein Kapitel sich mit dem „Frisieren" von Düsennadeln befasst. Die Änderung der Abmessungen von Düsennadeln in SU-Vergasern erfordert Präzisionsarbeit, die sich aufgrund der Vielfalt an „ab Werk" verfügbaren Düsennadelgrößen nur selten rentiert. Diese sind im Tabellenbuch der Firma SU mit dem Titel „Carburetor Needle Profile Charts" zu entnehmen. Die Auswahl der Düsennadel kann sich zu einem sehr langatmigen und die Geduld strapazierenden Prozess entwickeln und stellt wahrscheinlich den Hauptgrund für die in Motorsportkreisen mangelnde Popularität dieser Vergaser dar. Diese Auswahl erfolgt nach dem Ausschlussprinzip und erfordert natürlich fast immer den Kauf mehrerer Düsennadeln. Aber auch das Einstellen anderer Vergaser, so z.B. der Querstromvergaser von Weber oder Dellorto kann kostenintensiv sein, so dass hier kein Grund für die Ablehnung des SU-Vergasers gegeben ist. Das Fahren mit einem falsch bestückten und somit schlecht eingestellten und Sprit verschwendenden Vergaser wird jedoch schnell teurer als eine Auswahl mehrerer Düsennadeln je sein könnte. Beim SU-Vergaser hat man dabei den Vorteil, dass meist nur ein Teil angepasst werden muss – nämlich die Düsennadel – und nicht eine Vielzahl von unterschiedlichen Teilen aufeinander abgestimmt werden müssen, so z.B. diverse Düsen und Lufttrichter am Weber oder Dellorto. Nur in seltenen Fällen muss am SU-Vergaser auch die Saugkolbenfeder ausgetauscht werden.

Beim Eingrenzen der zu wählenden Größe der Düsennadel beginnt man mit der Größenbestim-

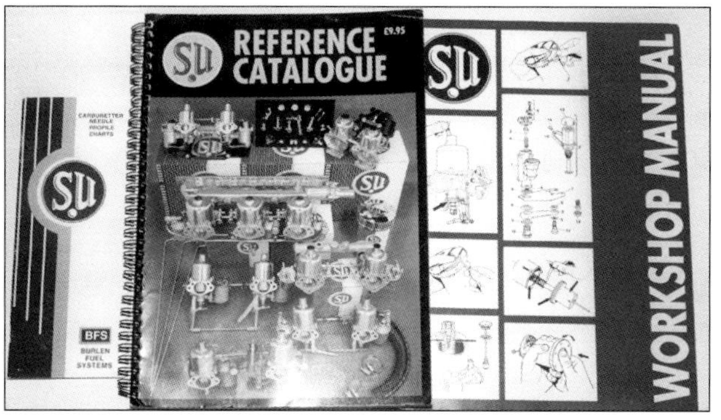

Die drei SU-Tabellenbücher, wie von der englischen Firma Burlen Fuel Systems erhältlich – siehe Text.

mung der im Vergaser vorhandenen Nadel und der Auswertung des Drehzahlbereichs, in dem Probleme auftreten. Es besteht keinerlei Grund, warum die richtige Düsengröße für den betreffenden Motor und Anwendungsbereich nicht zu finden wäre, weil die Anzahl der potenziell funktionsfähigen Kombinationen von Vergaser und Düsennadel begrenzt ist. Das bedeutet, dass die exakt korrekte Düsennadel nie viel größer oder kleiner sein kann, als eine Düsennadel, die in einem halbwegs arbeitsfähigen Vergaser, der an dem selben Motor schon eingesetzt wurde, bereits vorhanden ist. Der Durchmesser der Düsennadel bestimmt den Grad der Anreicherung bzw. Abmagerung des Gemischs, die durch die Verwendung der Düsennadel verursacht wird. Man verwendet also die o.a. Tabellen im Buch „Carburetor Needle Profile Charts", um anhand des Düsendurchmessers die richtige Gemischzusammensetzung zu erreichen.

Wenn man sich auf die reichhaltige Auswahl an ab Werk verfügbaren Düsennadeln beschränkt, so entfällt das Messen des Düsennadeldurchmessers, da jede Düsennadel mit einem Buchstaben-/Zahlencode gekennzeichnet ist. Es ist jedoch unerlässlich, beim Austauschen von Düsennadeln auf eine andere Düsennadelgröße, die betreffenden Tabellen zu Rate zu ziehen. Während die Bandbreite der verfügbaren Nadeln wahrhaft mannigfaltig ist, machen bestimmte Anwendungsbereiche dennoch das „Frisieren" einer bestehenden Nadel erforderlich. Das ist nicht unbedingt schwer, da es sich lediglich um das Polieren bestimmter Abschnitte der Nadeln handelt. Im Umkehrschluss muss man natürlich damit rechnen, dass eine vorhandene Nadel an einem Vergaser, dessen Vorgeschichte man nicht genau kennt, bereits frisiert wurde. In diesem Fall ist die Größenbestimmung der Düsennadel anhand der SU-Tabellen natürlich nicht aufschlussreich, da die bereits vorhandene Nadel auch kleiner sein könnte, als ihr Buchstaben-/Zahlencode ausweist.

Man misst den Durchmesser einer Düsennadel mit der Bügelmessschraube, was einiges Geschick erfordert und an mehreren Stellen erfolgen muss. Die Nadel hat ein „Profil", ist also gewolltermaßen an bestimmten Abschnitten dünner als an anderen. Insgesamt betrachtet, stellt das Präparieren der Nadeln auf den gewünschten Durchmesser kein unüberwindliches Hindernis dar. Beim Einstellen eines SU-Vergasers und Abstimmen auf den vorhandenen Motor ist eine ganz bestimmte Reihenfolge einzuhalten. Abweichungen von dieser Reihenfolge führen ohne Ausnahme dazu, dass man sich bei der Vergasereinstellung „im Kreis dreht", weil man dabei das Festlegen oder Eingrenzen von konstanten Bezugsgrößen überspringt. Das Einhalten dieser Reihenfolge ist nicht kompliziert, wohl aber zeitaufwendig, nicht zuletzt weil man bisweilen neue Teile bestellen und die entsprechenden Lieferzeiten abwarten muss. Die Geduld wird dabei zwar strapaziert, was aber im Vergleich zu der Frustration, die ein Überspringen eines Schrittes zur Folge hätte, durchaus erträglich scheint.

Vorbereitung

Es ist unmöglich, einen Motor auf höhere Leistung zu trimmen, wenn dieser ein mechanisches Problem aufweist – z.B. verschlissene, falsch eingestellte oder defekte Bauteile –, oder wenn die elektrische Anlage mit Mängeln behaftet ist. Vor der Vergasereinstellung sollte man sich also unbedingt einer Beurteilung des Motorzustands und einer Prüfung der Elektrik, insbesondere der Zündanlage widmen. Erst nach Beheben der vorgefundenen Probleme, Fehleinstellungen oder Verschleißbilder ist der Arbeitsaufwand der Vergasereinstellung überhaupt sinnvoll. Zu einer

Überprüfung der Zündanlage gehört die Untersuchung der Hochspannungskabel, der Zündkerzen, der Verteilerwelle, des Unterbrecherkontakts und der Verteilerkappe ebenso wie der Batterie und Lichtmaschine, die eine ausreichende Ausgangsspannung sicher stellen müssen. Entscheidend ist, dass der an der Zündkerze ankommende Funke immer so stark ist, wie maximal möglich. Es gibt hierfür ein Messgerät der Firma Gunson mit der Bezeichnung „Flashtest". Es wird zwischen Zündkerze und Zündkabel gesteckt und erlaubt ein Messen der Zündspannung. Dieses Gerät hilft natürlich nicht dabei, Probleme mit der Zündkerze selbst einzugrenzen. Auch darf es nicht an elektronischen Zündanlagen verwendet werden, deren Zündspannung 24 Kilovolt übersteigt. Ein durchgebranntes Zündsteuergerät wäre die Folge. 24 Kilovolt reichen in jedem Fall aus, um auch in hoch verdichteten Motoren sicher zu zünden.
Die Zündspannung sollte mindestens 15 Kilovolt betragen, je mehr desto besser. Zündkerzen, die einen Funken von nur 11 Kilovolt zulassen, werden die Motorleistung merklich begrenzen. Zwar dreht der Motor bis hoch an die obere Drehzahlgrenze, die Gasannahme lässt jedoch zu wünschen übrig, wenn die Zündspannung zu gering ist. Es ist bisweilen bemerkenswert, wie viel Geld für die Leistungssteigerung ausgegeben wird, während man an so einfachen Dingen wie Zündkerzen spart oder diesen keine Beachtung schenkt. Man kann die Wichtigkeit der Zündspannung gar nicht überbetonen, denn es fahren viel zu viele Fahrzeuge mit Motoren umher, die mit nur unzureichender Zündspannung versorgt werden.
Ebenfalls ist die Zündzeitpunktverstellung auf „Früh" in Abhängigkeit von der Motordrehzahl ein entscheidender Faktor bei der Leistungssteigerung des Motors. Wird das Gemisch zu spät gezündet, so entfaltet der Motor nie die volle Leistung und arbeitet sich nur schwerfällig durch das Drehzahlspektrum hindurch. Bei Vollgas, d.h. oberhalb 3500 U/min benötigt heute nahezu jeder Motor eine Frühverstellung von mindestens 30 Grad vor OT. Viele Motoren brauchen mehr, manche 38 Grad vor OT und darüber. Die erforderliche Frühverstellung hängt von vielen Faktoren ab und man kann hier keine allgemein gültigen Regeln aufstellen. Die Frühverstellung lässt sich nur selten durch einfaches Drehen des Verteilers an die Erfordernisse des Motors anpassen. In den meisten Fällen sind Änderungen im Innern des Verteilers vorzunehmen. Das Einstellen und Abstimmen der Zündanlage auf den vorhandenen Motor sollte immer erfolgen, bevor man eine Feinoptimierung des Vergasers vornimmt.

ANLEITUNG ZUR NUTZUNG DIESES BUCHES & WICHTIGE INFORMATIONEN

Anleitung zur Nutzung dieses Buches

In diesem Buch wird bei allen Angaben davon ausgegangen, dass der Leser und Anwender oder dessen Vertragspartner die für den betreffenden Vergaser gültige Werksliteratur vorliegen hat, die die vom Hersteller vorgegebenen Angaben für alle Einzelheiten des Zerlegens, Zusammenbaus sowie zu allen Einstellvorgängen und Spaltmaßen aufführt. Der in diesem Buch angenommene Standardwert entspricht dem vom Werk vorgegebenen Standardwert. Gleiches gilt für Standard-Arbeitsabläufe und Standard-Einstellvorgänge. Im Zweifelsfall haben immer die Angaben der Werksliteratur für den betreffenden Vergaser Gültigkeit.

Sie werden es als sinnvoll empfinden, vor Beginn der Arbeiten oder Erteilung von Anweisungen an Ihre Werkstatt oder an Ihren Mechaniker das gesamte Buch zu lesen. Dies liegt daran, dass Änderungen in Bauart oder Einstellwerten in einem Bereich wiederum Änderungen in anderen Bereichen erforderlich machen. Verschaffen Sie sich vor Beginn jeglicher Arbeiten einen Gesamtüberblick, um so (so weit als möglich) eine endgültige Festlegung von technischen Daten und Bauteiländerungen vornehmen zu können.

Wichtige Informationen

Dieses Buch enthält Informationen über Vorgehensweisen in der Praxis, welche jedoch nur für jene gedacht sind, die die Qualifikationen und Erfahrungen sowie Werkzeuge und Einrichtungen mitbringen, um die beschriebenen Arbeiten sicher und mit der nötigen fachlichen Kompetenz durchführen zu können. Obwohl die Wörter **Warnung!** (Gefahr von Personenschaden) und **Achtung!** (Gefahr von Sachschaden) in diesem Buch mehrfach verwendet werden, ist zu bedenken, dass wir unmöglich jede potenzielle Gefahrensituation in jedem Zusammenhang vorhersehen können. Wann immer Sie an einem Fahrzeug oder Bauteil arbeiten, müssen Sie Ihrer persönlichen Sicherheit immer zuerst die größte Beachtung schenken. Weder Verleger noch Autoren, Übersetzer, Lektoren oder Händler können in jedweder Weise die Verantwortung für Personenschaden oder Sachschaden übernehmen, die sich aus der Anwendung dieses Buches ergibt, selbst dann nicht, wenn dieser durch Irrtümer oder Unterlassungen in der gebotenen Information hervorgerufen wurden.

Es ist möglich, dass bauliche Änderungen oder Neueinstellungen am Vergaser dazu führen, dass Ihr Fahrzeug den Abgasvorschriften oder anderen Vorschriften Ihrer Gebietshoheit oder Ihres Landes nicht mehr genügt. Prüfen Sie diese Dinge, bevor Sie mit der Arbeit beginnen!

Ein Zuwachs an Motorleistung und somit Fahrzeugleistung bedeutet, dass Fahrwerk und Bremsanlage Ihres Fahrzeugs in perfektem Zustand gehalten und nach Erfordernis ebenfalls einer Leistungssteigerung unterzogen werden müssen.

Bitte bedenken Sie, dass eine Änderung der Bauteilbestückung an einem Vergaser die Garantie aufheben kann und den Hersteller unter Umständen von sämtlicher Verantwortung entbindet.

Es kann nicht oft genug betont werden, wie unerlässlich es ist, ein Bauteil vor der Bearbeitung zu reinigen. Ebenso wichtig sind Sauberkeit der Werkzeuge sowie Sauberkeit und Ordnung am Arbeitsplatz. Bei der Verwendung von Reinigungsflüssigkeiten sind immer die Herstelleranweisungen und das technische Merkblatt zu beachten. Von der Verwendung von Benzin, Diesel oder Kerosin zu Reinigungszwecken wird aufgrund der Feuergefahr und Vergiftungsgefahr dringend abgeraten.

Verwenden Sie nur Qualitätswerkzeuge und stellen Sie in jedem einzelnen Fall sicher, dass exakt die richtige Werkzeuggröße für den betreffenden Arbeitsgang Verwendung findet.

Nachstehende Sicherheitshinweise sind als Erfahrungswerte gegeben, die Auflistung ist nicht vollständig und Hinweise können von Fall zu Fall unterschiedlich zutreffen.

Sicherheitshinweise:

Bei Arbeiten am Vergaser:

- Immer einen Feuerlöscher griffbereit haben
- Immer Schutzbrille tragen
- Immer eine Decke aus nicht brennbarem Material bereit halten, um einen etwaigen Vergaserbrand auch ersticken zu können.
- Niemals direkt in den Vergaser sehen oder gar mit Feuerzeug hinein leuchten.
- Niemals Kraftstoff von außen zuführen, z.B. einträufeln oder einspritzen.
- Immer Luftfilter vollständig montieren, bevor der Wagen angelassen wird.
- Niemals Starterspray verwenden.
- Immer genug Platz zu daneben stehenden Fahrzeugen lassen, um Ausweichmöglichkeiten zu bewahren und ein etwaiges Übergreifen der Flammen auf benachbarte Fahrzeuge verhindern zu können.
- Vor Anlassen des Fahrzeugs Kraftstoffzufuhr- und Rückleitungen, sowie die gesamte Kraftstoffanlage auf Dichtheit prüfen.
- Kraftstoffstrahl aus Kraftstoffpumpe oder Beschleunigerpumpe nicht in die Augen oder auf die Haut spritzen lassen.
- Nie in geschlossenen Räumen Motor laufen lassen. Ggf. Abgase über Schlauch ins Freie leiten. Vorher komplette Abgasanlage auf Dichtheit prüfen.
- Bei Einstellarbeiten am betriebswarmen Motor immer Temperatur kontrollieren und ein vor dem Fahrzeugkühler angeordnetes Gebläse betreiben, um eine Überhitzung des Motors zu vermeiden.
- Nie Kraftstoff verschütten oder auf Motor oder Abgaskrümmer träufeln lassen.
- Bei Verschütten auch kleinster Mengen Kraftstoff im Motorraum oder in den Ansaugtrakt hinein erst Kraftstoff restlos entfernen, bevor der Motor wieder angelassen wird.
- Bei Kompressionsdruckprüfung Zündkabel am Verteiler abklemmen bzw. weit von den Zündkerzenbohrungen entfernt an Masse legen.

KAPITEL 1

Funktionsprinzip des SU-Vergasers

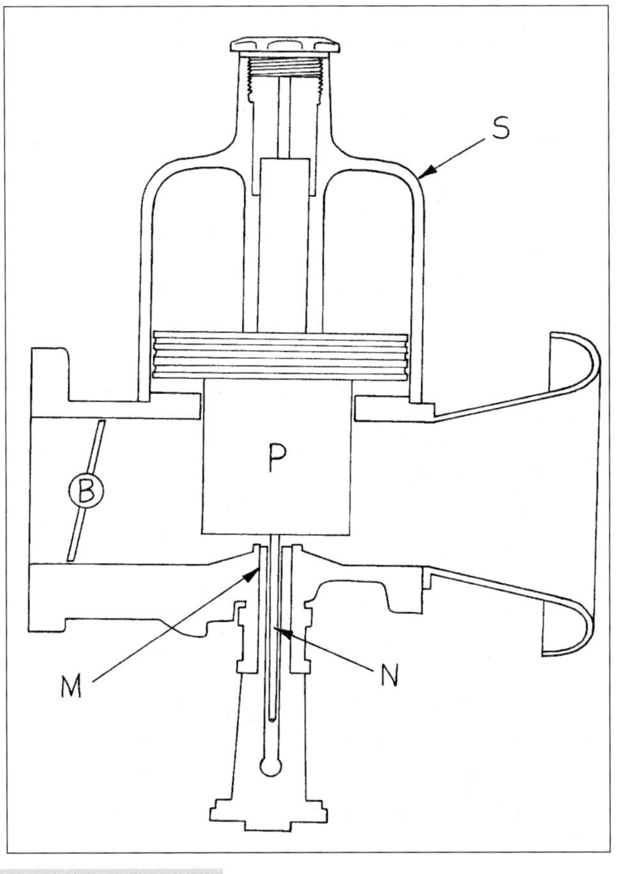

„B" = Drosselklappe, „P"= Saugkolben, „S" = Saugkammer, „M" = Hauptdüse, „N" = Düsennadel.

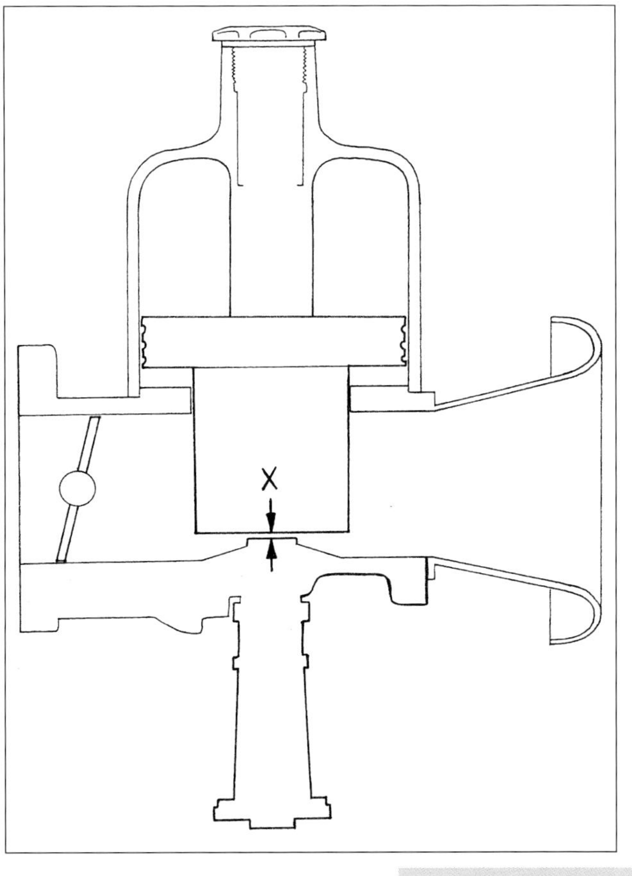

Der Kolbenboden steht niemals in vollem Kontakt mit dem so genannten Brückenabschnitt des Venturirohrs. Zwischen der Oberfläche dieses Brückenabschnitts und dem Kolbenboden besteht immer ein Luftspalt „X" von mindestens 0,38 – 0,45 mm.

Das grundlegende Prinzip der Steuerung des SU-Vergasers besteht – wie bei nahezu allen anderen Vergasern auch – in der Öffnung der Drosselklappe im Ansaugluftstrom des Motors. Beim SU-Vergaser befindet sich jedoch stromaufwärts, also noch vor der Drosselklappe, eine sich senkrecht auf und ab bewegende Saugkolbenbaugruppe oberhalb des so genannten Brückenabschnitts im Venturirohr, die für die Gemischbildung zuständig ist. Ungeachtet der Drosselklappenstellung muss der Saugkolben angehoben werden, damit dem Motor oberhalb der Leerlaufdrehzahl überhaupt eine nennenswerte Luftmenge zugeführt werden kann. Die Luftzufuhr des Motors wird also primär durch die Stellung des Saugkolbens und sekundär durch die Stellung der Drosselklappe begrenzt. Die an der Drosselklappe vorbei strömende Ansaugluft muss vorher bereits am Saugkolben zwischen dem Boden des Saugkolbens und dem Brückenabschnitt des Venturirohrs hindurch geströmt sein. Wie weit der Saugkolben angehoben ist entscheidet also maßgeblich über die dem Motor zugeführte Luftmenge. Die Eingabe des Fahrers erfolgt wie üblich über das Gaspedal, wird über das Gasgestänge übertragen und wirkt sich als Anstellwinkel der Drosselklappe aus. Zwischen der Drosselklappenwelle und dem Saugkolben besteht jedoch keinerlei mechanische Verbindung. Vielmehr wird der Saugkolben – wie schon dem Namen nach erkennbar – durch das Wechselspiel des vom Motor erzeugten Unterdrucks im Venturirohr und des atmosphärischen Luftdrucks, der in der Druckkammer unterhalb des Saugkolbens anliegt, angehoben. Der Unterdruck wirkt auf die Saugkammer des Kolbens durch eine oder mehrere kleine Bohrungen im Kolbenboden bzw. an der Zylinderfläche des Kolbens.

Befindet sich der Motor im Leerlauf, so liegt die Drosselklappe am Leerlaufanschlag an und der Saugkolben ruht leicht oberhalb des Brückenabschnitts im Venturirohr. Wie bei allen anderen Vergaserbauarten auch, wird im Leerlauf eine minimale Luftmenge am Drosselklappenspalt vorbei vom Motor angesaugt. Diese Luftmenge reicht jedoch nicht aus, um eine ausreichende Sogwirkung stromaufwärts der Drosselklappe zu erzeugen und den Kolben anzuheben. Die an der Drosselklappe vorbei strömende Luft kann vorher am Saugkolben vorbei angesaugt werden, obwohl sich dieser in der geschlossenen Stellung befindet, da durch den Kunststoffanschlag des Saugkolbens ein gewisser Spalt zwischen Brückenabschnitt und Kolbenboden des Saugkolbens gewährleistet ist. Dieser Spalt beträgt zwischen 0,38 – 0,45 mm. Das bedeutet, dass auch bei stehendem Motor vor dem Anlassen dieser Spalt besteht. Somit ist die erforderliche Luftzufuhr für den Startvorgang gewährleistet, ohne dass bereits Unterdruck am Saugkolben anliegen oder die Drosselklappe geöffnet sein muss.

Der Pfeil verweist auf Kunststoffanschlag im Kolbenboden des Saugkolbens.

Der links dargestellte Saugkolben verfügt über zwei Fräsnuten mit Bohrungen (wie durch zwei Pfeile markiert), während der rechts dargestellte Kolben die seltener vorzufindende einzelne Bohrung an der rückseitigen Zylinderfläche aufweist (siehe einzelnen Pfeil).

Der Unterdruck wirkt auf die Saugkammer durch entweder zwei Bohrungen am Kolbenboden oder eine einzelne Bohrung an der Rückseite der zylindrischen Fläche des Kolbens (je nach Vergasertyp). Diese Bohrungen befinden sich auf der „stromabwärts" gerichteten Seite des Ansaugluftstroms zwischen Mitte des Brückenabschnitts im Venturirohr und der Drosselklappe. Während die obere Seite des Saugkolbens über diese im Kolben selbst befindlichen Bohrungen an den vom Motor vor der Drosselklappe erzeugten Unterdruck angeschlossen ist, wirkt auf die untere Seite des Saugkolbens ständig der atmosphärische Luftdruck. Sobald der Motor läuft, verändert sich der an der Saugkammer oberhalb des Kol-

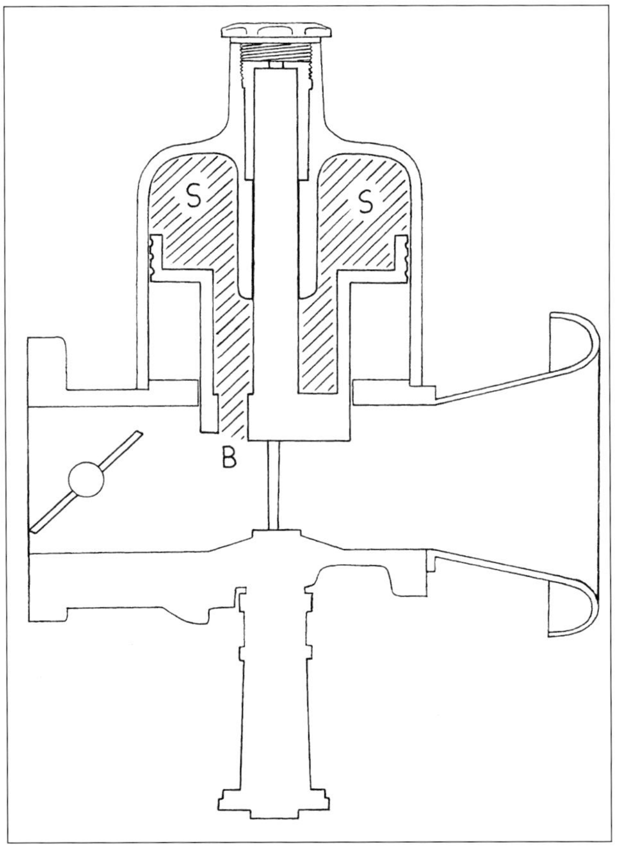

Der Ansaugunterdruck des Motors wirkt auf die Saugkammer oberhalb des Kolbens „S" durch die beiden Bohrungen im Boden des Saugkolbens „B".

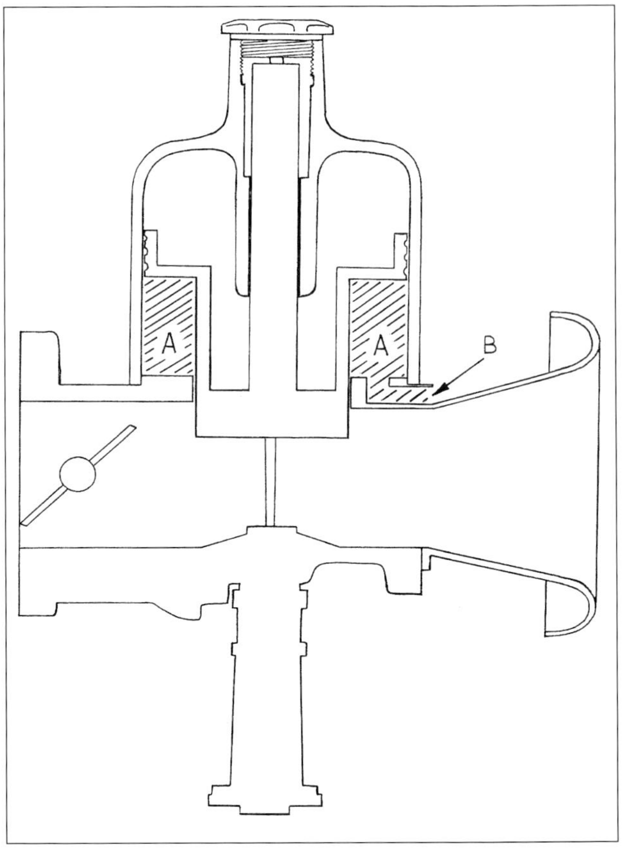

An der Stelle „B" besteht eine Verbindung der Druckkammer unterhalb des Saugkolbens an die Außenluft. Somit wirkt zu jeder Zeit atmosphärischer Luftdruck auf den Saugkolben. Das durch den Unterdruck in der Saugkammer und den atmosphärischen Luftdruck in der Druckkammer erzeugte Druckgefälle bestimmt das Maß, um das der Saugkolben angehoben wird.

bens anliegende Unterdruck je nach dem vom Motor erzeugten und durch die Motorlast und Drosselklappenstellung bestimmten Unterdruck. Das Druckgefälle zwischen diesem veränderbaren, vom Motorbetriebszustand abhängigen Unterdruck und dem jeweils konstanten atmosphärischen Luftdruck stellt die Steuergröße für das Anheben oder Senken des Saugkolbens und somit das Abheben der Düsennadel aus dem Düsensitz dar. Bei abgestelltem Motor vor dem Startvorgang wirkt natürlich der atmosphärische Luftdruck auch auf die Saugkammer des Kolbens, da ja vom Motor noch kein Unterdruck erzeugt wird. Der Kolben ruht dann, wie oben beschrieben, auf dem Kunststoffanschlag des Brückenabschnitts im Venturirohr.

Sobald der Motor läuft und im Leerlauf dreht, wirkt ein wenn auch geringer Unterdruck auf die Saugkammer des Kolbens. Aufgrund des Druckunterschieds zwischen diesem Unterdruck und dem atmosphärischen Luftdruck wird der Kolben vom atmosphärischen Luftdruck nach oben gedrückt.

Die Eingabe des Fahrers zur Beschleunigung erfolgt über die Drosselklappenstellung: Der Drosselklappenanstellwinkel wird vergrößert, mehr Luft kann vom Motor angesaugt werden und der Unterdruck stromaufwärts von der Drosselklappe steigt. Dieser angestiegene Unterdruck wirkt auf die Saugkammer des Kolbens, erhöht das Druckgefälle zum an der unteren Seite des Kolbens anliegenden atmosphärischen Luftdruck und ermöglicht somit ein dem Beschleunigungswunsch des Fahrers entsprechendes, weiteres Anheben des Saugkolbens mit einhergehender Auslenkung der Düsennadel aus der Düse an der

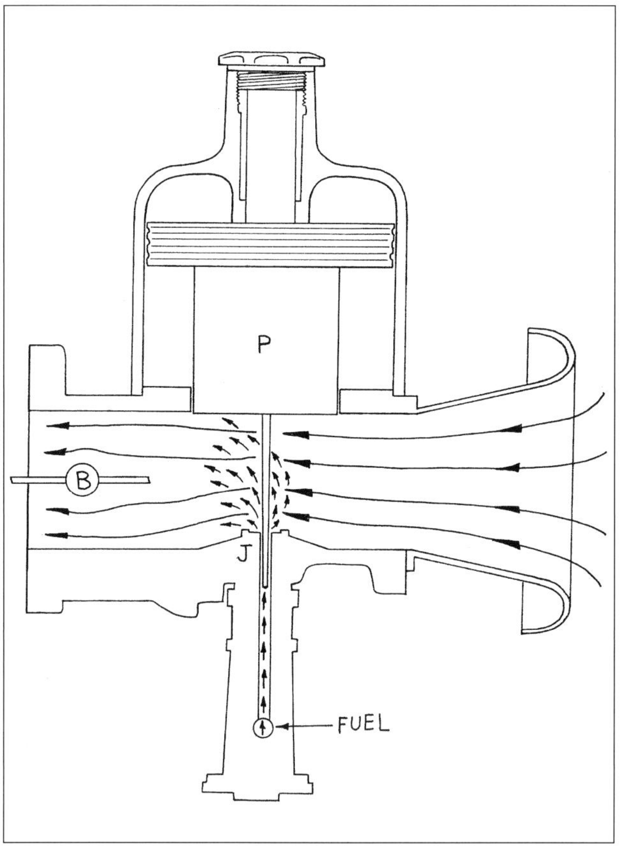

Hier befindet sich der Vergaser in der Vollgasstellung: Drosselklappe „B" ist vollständig geöffnet, der größtmögliche Unterdruck liegt am Saugkolben „P" an und die Düsennadel lässt die größtmögliche Kraftstoffzufuhr aus der Düse „J" in den Motor zu.

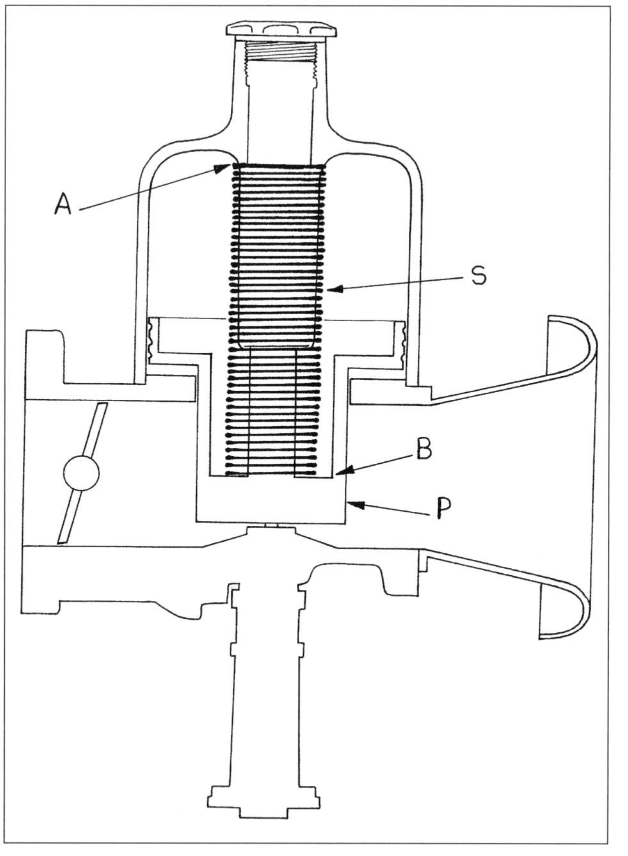

Die Kolbenfeder „S" ist in der Saugkammer zwischen Deckelinnenseite der Saugkammer „A" und Bodenfläche der Vertiefung des Saugkolbens „B" angeordnet. Mit Anheben des Saugkolbens „P" wird die Feder „S" zusammen gedrückt und erzeugt so einen Widerstand gegen die Hubbewegung des Kolbens.

Unterseite des Venturirohrs. Das Ergebnis ist eine exakt dem erhöhten Ansaugluftstrom entsprechende Zuteilung von Kraftstoff aus der Düse. Bei weiterer Beschleunigung wird der Saugkolben bis an das Ende seines Hubweges angehoben. Diese Stellung des Saugkolbens entspricht der Vollgasstellung der Drosselklappe und ermöglicht das Ansaugen der größtmöglichen, nur durch den konstruktiv vorgegebenen Durchmesser des Venturirohrs begrenzten, Luftmenge in den Motor.

Die durch das Druckgefälle zwischen dem vom Motor erzeugten Unterdruck und dem atmosphärischen Luftdruck entstehende Hubkraft zum Anheben des Saugkolbens wird durch die Gegenkraft einer Druckfeder zwischen der oberen Bodenfläche des Saugkolbens und dem Deckel der Saugkammer begrenzt bzw. geregelt. Diese Feder muss in ihren Eigenschaften immer exakt an den betreffenden Vergaser angepasst werden. Je stärker die Druckkraft der Feder, um so weniger wird der Saugkolben bei gleichem, vom Motor erzeugten Unterdruck angehoben. Gleichfalls wird der Saugkolben bei gleichem Unterdruckwert – also gleicher Drosselklappenstellung – um so höher angehoben, je schwächer die Druckfeder ausgeführt ist. Die konstruktiv vorgegebene Druckkraft der Druckfeder ist also ein konstant wirkender Faktor für die im Vergaser erzeugte Gemischzusammensetzung. Bleiben alle anderen Faktoren gleich, so wird das Gemisch bei einer schwachen Feder schneller angefettet, bei einer starken Feder bleibt es eher mager. Ist die Feder zu stark, so kann das Gemisch mit fortschreitender Öffnung der Drosselklappe so stark abgemagert werden, dass der Motor überhaupt nicht mehr läuft. Die

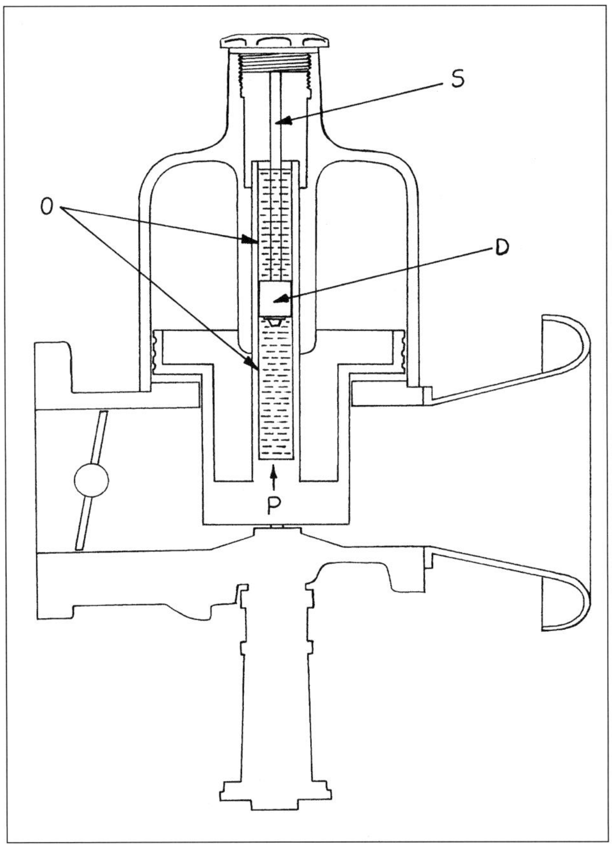

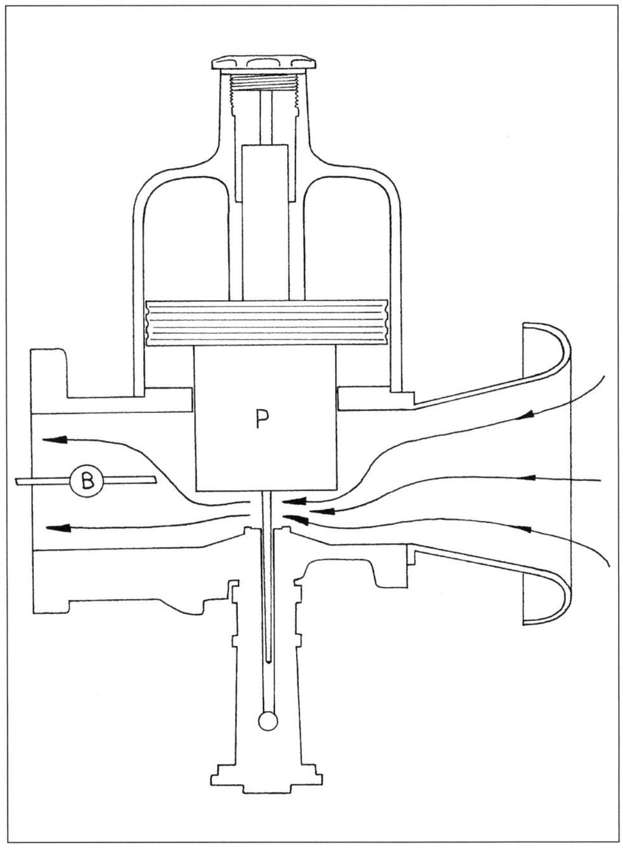

Der Dämpfungskolben des Saugkolbens „D" ist stationär angeordnet. Oberhalb und unterhalb des Dämpfers befindet sich Öl im Sackloch des Dämpfungskolbens. Mit Heben und Senken des Saugkolbens „P" strömt das Öl „O" zwangsweise am Dämpfungskolben durch die Bohrung in der Dämpfungskolbenspindel „S" vorbei.

In dieser Abbildung befindet sich der Motor unter extremer Last und erzeugt somit trotz Vollgasstellung der Drosselklappe nur geringen Ansaugunterdruck. Deshalb wird der Saugkolben nicht bis zur vollen Auslenkung angehoben und verbleibt vorerst in einer Stellung, die bei geringerer Motorlast dem mittleren Drehzahlbereich entsprechen würde.

von der Feder erzeugte Druckkraft ist also ein wichtiger Faktor für die Sparsamkeit des Motors im Kraftstoffverbrauch. Für gute Motorleistung und mäßigen Kraftstoffverbrauch ist die Verwendung der leichteren Federn von SU angeraten. Die Druckfeder bewirkt zusammen mit der hydraulischen Dämpfung des Saugkolbens bei allen so ausgestatteten SU-Vergasern eine eher träge Gasannahme im unteren bis mittleren Drehzahlbereich. Der sich aus dem Anstellwinkel der Drosselklappe ergebende Sog bewirkt somit durch Anheben bzw. Senken des Saugkolbens eine Querschnittsveränderung des Ansaugtrakts. Da die Düsennadel zur Kraftstoffzuteilung in den so variierten Ansaugluftstrom mit dem Saugkolben mechanisch fest verbunden ist, ergibt sich eine konstante Gemischbildung von jeweils gleichen Teilen Kraftstoff, der aus der Düse austritt und gleichen Teilen Luft, die am Saugkolben vorbei strömen kann. Düse, Düsennadel, Saugkolben und Saugkammer befinden sich alle auf der selben Mittelachse. Durch Veränderungen an der Düsennadel kann die Gemischbildung gravierend beeinflusst werden, so dass das Profil der Nadel für die ordnungsgemäße Funktion des Vergasers von entscheidender Bedeutung ist. Die senkrechte Hubbewegung des Saugkolbens wird durch einen ebenfalls auf der Mittelachse angeordneten, im Saugkolben geführten, stehenden hydraulischen Dämpfer verzögert. So können keine plötzlichen Hubbewegungen des Saugkolbens entstehen, die kurzzeitig eine nachteilige Beeinflussung der Gemischbildung zur Folge haben würden. Denn wird der Saugkolben schlagartig angehoben, so kann der Kraftstoff aufgrund seiner Trägheit nicht rasch genug in der erforderli-

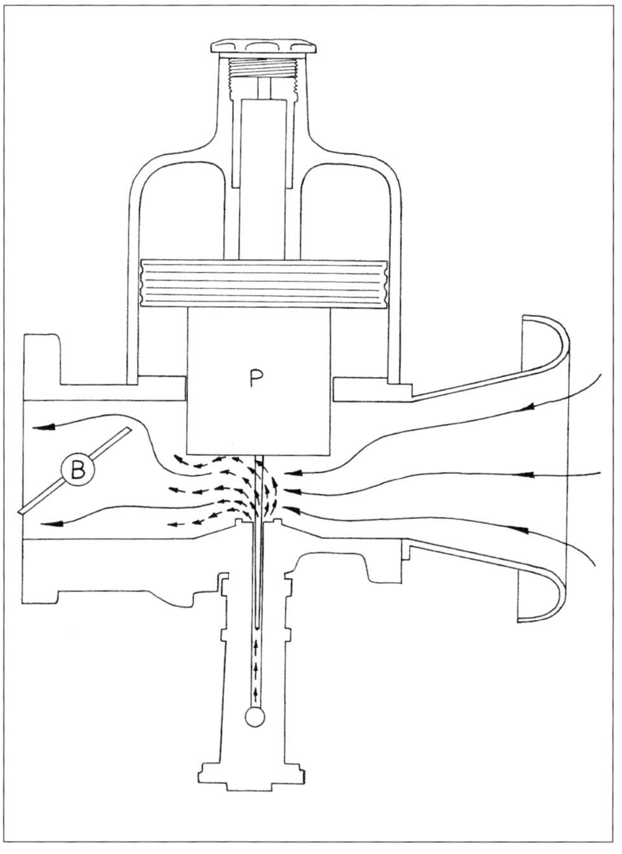

SU-Vergaser in Teillaststellung (siehe „B"). Der Kraftstoff tritt an der Düse aus und wird zerstäubt.

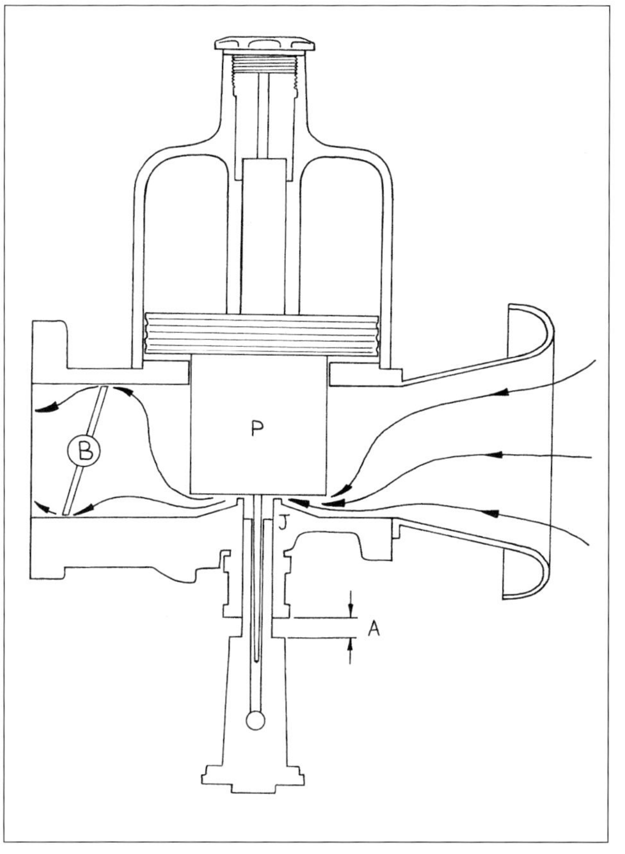

Der Vergaser befindet sich auf dieser Abbildung in der Drosselklappenstellung für angezogenen „Choke" auf. Die Düse wurde um 6,35 mm (0,25 Zoll) vom Brückenabschnitt „J" des Venturirohrs abgesenkt. Der Düsenträger ist um den Abstand „A" vom Vergasergehäuse weg abgesenkt.

chen Menge aus der Düse austreten. Es würde dann eine kurzzeitige Abmagerung des Gemischs erfolgen, mit einhergehendem Stottern und zögernder Gasannahme des Motors. Dieser Effekt wird durch die hydraulische Dämpfung des in Öl stehenden Dämpfungskolbens verhindert. Wirkt der Sog auf die Saugkammer und hebt den Saugkolben an, so verdrängt der Saugkolben das im mittigen Sackloch desselben befindliche Öl langsam am stationären Dämpfungskolben vorbei. Es ergibt sich so eine sehr saubere, gleichmäßige, jedoch auch etwas träge erscheindende Gasannahme des Motors. Auf den ersten Blick mag dies als Zeichen der mangelnden Eignung des SU-Vergasers für Motorsportanwendungen gesehen werden. Der durch den Dämpfungskolben erzeugte, vermeintliche „Verzögerungseffekt" ist tatsächlich aber von entscheidender Bedeutung für die wirtschaftlichste Leistungsausbeute des dem Motor zugeführten Kraftstoffs und macht den SU-Vergaser durch diese konstruktive Lösung für das Problem der insbesondere bei Lastwechsel exakten Gemischzusammensetzung anderen Vergasern überlegen. Es wird somit klar, warum der SU-Vergaser bei gleicher Leistungsausbeute sparsamer als andere Vergaserbauarten sein kann.

Zur exakten Einstellung des Vergasers müssen der Drosselklappenanstellwinkel, die am Saugkolben vorbei durch das Venturirohr strömende Luftmenge und die aus der Düse ausströmende Kraftstoffmenge aufeinander abgestimmt werden. Wird von der Düse zu wenig Kraftstoff zugeteilt, so magert das Gemisch ab, der Motor kann trotz Vollgasstellung des Gaspedals nicht genug Sog erzeugen, um den Saugkolben anzuheben und mehr Luft in den Motor zu lassen.

Der Motor stottert und verbleibt ggf. instabil im Leerlauf. Der wesentliche Faktor ist hier die Düsennadel, d.h. ihre Formgebung (Profil), die jeweils die Menge an Kraftstoff bestimmt, die bei einer bestimmten Stellung des Saugkolbens aus der Düse austreten kann. Tritt zu wenig Kraftstoff aus der Düse aus, so nimmt der Motor das Gas nicht an, da der Verbrennungsvorgang nicht genug Kraft entfalten kann, um die Drehzahl des Motors zu erhöhen, den Sog zu verstärken und den Saugkolben mit der Düsennadel weit genug anzuheben. An einem ordnungsgemäß eingestellten Motor wird die Gemischzusammensetzung aus Luft und Kraftstoff durch die Höhe, auf der der Saugkolben steht, bestimmt. Die Drosselklappe wird zur Einleitung des Beschleunigungsvorgangs verwendet, letztendlich hängt die dem Motor zugeführte Luftmenge jedoch von der Stellung des Saugkolbens ab, die durch den vom Motor erzeugten Unterdruck vorgegeben wird. Deshalb muss die Vollgasstellung des Gaspedals nicht in jedem Betriebszustand des Motors mit der maximalen Auslenkung des Saugkolbens übereinstimmen. Befindet sich der Motor zum Beispiel unter starker Last, so wird trotz Vollgasstellung des Gaspedals vom Motor ein geringerer Unterdruck erzeugt und der Saugkolben nur einen Teil seines möglichen Stellwegs angehoben. In dieser Situation wird dann auch entsprechend weniger Kraftstoff beigegeben, so dass der Fahrer herunter schalten muss, um die Motordrehzahl zu erhöhen und so den Ansaugunterdruck im Vergaser zu verstärken, damit die der Volllast entsprechende Kraftstoffmenge zugeführt werden kann. Bewegt sich das identische Fahrzeug jedoch in der Ebene ohne die zusätzliche Last einer Steigung und im selben Gang bei Vollgasstellung, so wird der Saugkolben nahe dem oberen Totpunkt seines Hubs stehen. In der Ebene ermöglicht die geringere Motorlast eine höhere Motordrehzahl, so dass der Motor eine ausreichende Drehzahl mit entsprechendem Ansaugunterdruck entfalten kann, um den Saugkolben weit genug anzuheben.

Beim Kaltstart besteht natürlich noch kein ausreichender Ansaugunterdruck im Motor, so dass die für den Leerlauf erforderliche Luftmenge am Saugkolben vorbei geleitet werden muss, ohne dass dieser angehoben wird. Der hierfür erforderliche Luftspalt wird durch den Kunststoffanschlag zwischen unterer Stirnfläche des Saugkolbens und Brückenabschnitt im Venturirohr sicher gestellt. Mit Betätigung des Kaltstartmechanismus wird an den meisten SU-Vergasern die Drosselklappe auf einen größeren Spalt geöffnet und außerdem die Düse über den Düsenträgermechnismus abgesenkt. So kann für Zwecke des Kaltstarts eine größere Menge Kraftstoff zugeteilt werden. Ist der Motor warmgelaufen, so wird durch Hineindrücken des „Choke“ der Düsenträger mit der Düse wieder auf die normale Stellung angehoben und der Drosselklappenspalt auf das normale Maß reduziert. Nur an den modernen SU-Vergasern vom Typ HIF ist die Kaltstartanlage anders ausgeführt. Hier kommt ein separater Kraftstoffkreislauf zur Anreicherung des Kaltstartgemischs zur Anwendung.

KAPITEL 2

Ansaugkrümmer

Bei der Einstellung und Anpassung eines Vergasers an einen Motor wird der Ansaugkrümmer als wichtiger Faktor der Gemischbildungsanlage oft übersehen. Wohl gilt das Augenmerk oft der Gestaltung und Vergrößerung der Einlasskanäle im Zylinderkopf selbst und auch dem Durchmesser des Venturirohrs im Vergaser, die Formgebung und Dimensionierung des diese beiden Teile verbindenden Ansaugtrakts im Ansaugkrümmer wird jedoch gerne als zweitrangig betrachtet. Während ein am Serienmotor vorhandener Ansaugkrümmer mit den werksseitigen Abmessungen des Ansaugkanals bei Verwendung des serienmäßigen Vergasers und ursprünglich vorhandenen Zylinderkopfs bestens geeignet ist, begrenzt dieser selbe Ansaugkrümmer nach Montage von getuntem Vergaser und neuem Zylinderkopf den Luftstrom in den Motor in einer Weise, die die Verwendung dieser Bauteile zur Leistungsstärkung kontraproduktiv wirken lässt.

Es ist wichtig, den Motor als Ganzes in seinem Gaswechselverhalten zu betrachten. Der Motor wirkt immer wie eine Luftpumpe und eine Verengung des Ansaugrohrs begrenzt natürlich seine Leistung. Verwendet man dann für den in serienmäßiger Dimensionierung verbliebenen Ansaugkrümmer einen größeren Vergaser mit dem Ansinnen einer Leistungssteigerung, so kann dies tatsächlich eine Leistungsminderung zur Folge haben, weil das Mischungsverhältnis aufgrund der zu geringen Luftmenge, die durch den Ansaugtrakt strömen kann, nie den Abmessungen des Vergasers entsprechend erfolgen kann. Um eine größtmögliche Leistungsausbeute des mit einem getunten Vergaser und Zylinderkopf ausgestatteten Motors zu erreichen, muss die Dimen-

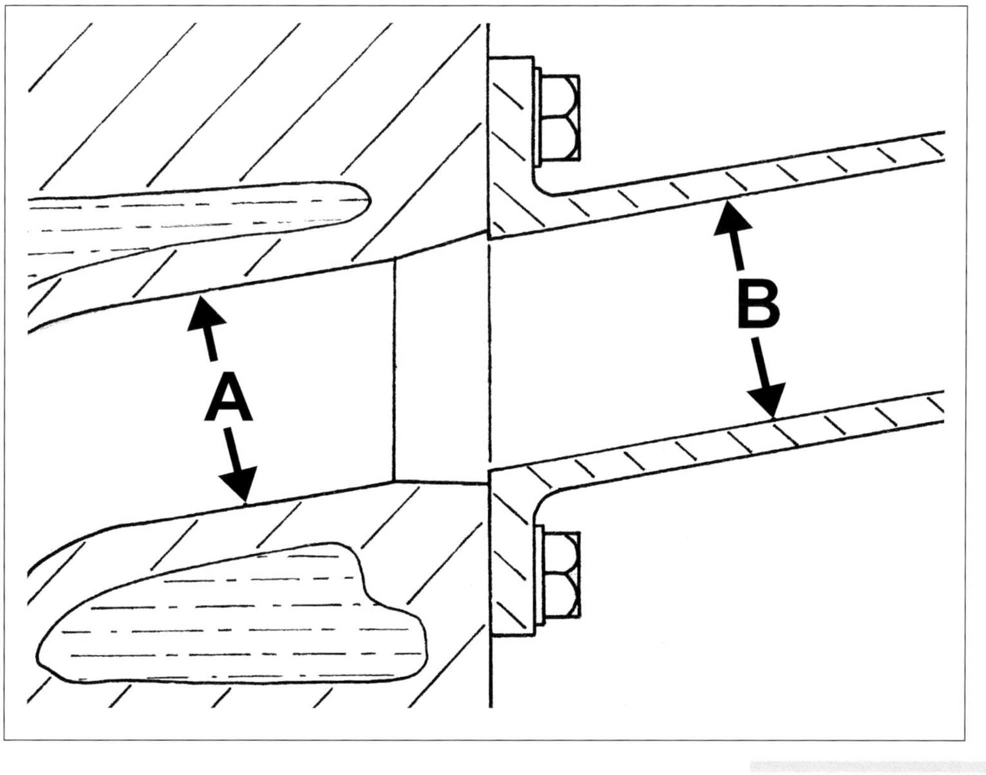

Bei runden Einlasskanälen sollte der Rohrabschnitt des Ansaugtrakts an der Stelle „B" größer sein als an der Stelle „A" des Einlasskanals.

sionierung der Querschnittsfläche entlang des gesamten Ansaugtrakts überprüft und angepasst werden.

Handelt es sich um runde Einlasskanäle, so gilt als Grundregel, den Ansaugtrakt im Ansaugkrümmer im Durchmesser 1-2 mm größer zu gestalten, als den Durchmesser der Querschnittsfläche des Einlasskanals im Zylinderkopf. Handelt es sich um eine annähernd quadratische oder rechteckige Querschnittsfläche, so gelten unterschiedliche Regeln für die Dimensionierung. Der Durchmesser des Einlasskanals darf jedoch nicht direkt am Flansch zum Ansaugkrümmer gemessen werden, da der Einlasskanal an Hochleistungszylinderköpfen an dieser Stelle meist über Gebühr aufgeweitet wurde.

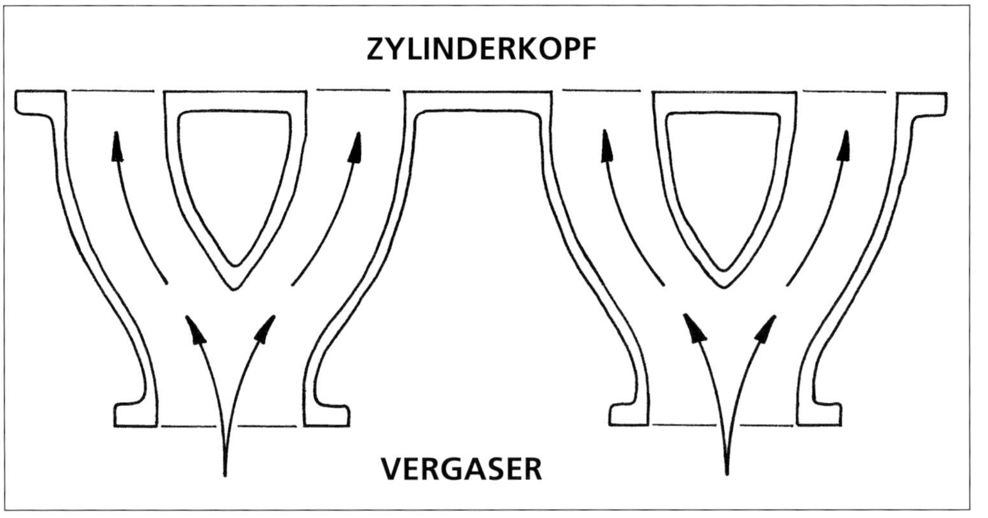

Längsschnitt durch einen typischen Ansaugkrümmer, wie er für SU-Zweifach-Vergaseranlagen an einem Vierzylindermotor mit vier einzelnen Einlasskanälen im Zylinderkopf verwendet wird.

Statt dessen ist die Messung des Durchmessers ca. 25 – 40 mm in Richtung des Einlassventils im Einlasskanal vorzunehmen. Grundsätzlich muss die Querschnittsfläche des Einlasskanals am Zylinderkopfflansch mit der des Ansaugkrümmerflansches übereinstimmen, wenn nicht gar größer dimensioniert sein. Dies gilt unabhängig davon, ob es sich um eine runde, eine rechteckige oder eine quadratische Querschnittsfläche handelt.

Die Übereinstimmung der Querschnittsflächen kann man leicht mit folgender Methode prüfen:

1. Flansch am Zylinderkopf und am Ansaugkrümmer reinigen.
2. Den zum Zylinderkopf gerichteten Ansaugkrümmerflansch mit Farbe einstreichen und die Farbe fast antrocknen lassen.
3. Kurz vor dem Trocknen der Farbe den Ansaugkrümmer am Zylinderkopf montieren und handfest anziehen.
4. Ansaugkrümmer wieder abbauen.
5. Die Flanschfläche am Zylinderkopf jetzt auf Ränder an den Einlasskanalöffnungen untersuchen, an denen keine Farbe haften blieb. Die Ränder befinden sich dort, wo der Ansaugtrakt des Ansaugkrümmers versetzt anliegt.
6. Gleiche Methode umgekehrt anwenden, d.h. Flanschfläche am Zylinderkopf mit Farbe bestreichen und den von Farbe gesäuberten Ansaugkrümmer wieder handfest montieren.
7. Auch am Ansaugkrümmerflansch lässt sich nun ein Versatz oder Überstand der Querschnittsfläche des Einlasskanals im Zylinderkopf in Relation zum Ansaugtrakt des Ansaugkrümmers feststellen.
8. Dieselbe Methode lässt sich natürlich auch am Flansch des Ansaugkrümmers zum Vergaser hin anwenden.

Ebenfalls darf am Flansch des Vergasers zum Ansaugkrümmer kein Versatz oder Überstand der Querschnittsflächen des Ansaugtrakts und Venturirohrs bestehen. Üblicherweise lässt sich dieses Problem durch Öffnen der Drosselklappen und Ausleuchten des Ansaugtrakts durch den Vergaser mit einer Taschenlampe erkennen. Die exakte Maßhaltigkeit wird wie auch am Zylinderkopfflansch mit der angegebenen Farbaufstrichmethode überprüft. Wird eine Leistungssteigerung unter Verwendung von SU-Vergasern angestrebt, so ist immer davon auszugehen, dass ein Vergaser die Gemischbildung von maximal zwei Zylindern übernimmt. Daraus ergibt sich zwangsläufig eine Zweiteilung, eine „Gabelung" des Ansaugkrümmers auf dem Weg vom Vergaser zum Zylinderkopf. Diese Zweiteilung erfolgt meist ca. 5-7 mm stromabwärts des Vergaserflansches. Das Problem liegt hierbei in der Messung der Querschnittsfläche bzw. des Durchmessers der beiden geteilten Ansaugkanäle, die aufgrund des Abzweigwinkels mit Messinstrumenten jedweder Art nur schwer zu erreichen sind. Diese Messung ist natürlich wichtig, da auf dem Weg von dem Vergaserflansch mit nur einem Kanalquerschnitt zu den beiden Einlasskanälen am Zylinderkopf mit zwei separaten Kanalquerschnittsflächen keine Verengung erfolgen oder vorliegen sollte. Erschwerend kommt die Formgebung des Ansaugtrakts hinzu, die an einigen Motoren rechteckig oder quadratisch, in anderen Fällen oval oder rund ist. Die runde Formgebung des Ansaugtrakts lässt sich am einfachsten messen, da es sich hier um eine simple Bestimmung des Durchmessers handelt.

Die Messung des Ansaugtrakts im Ansaugkrümmer erfolgt günstigsterweise mit einem Innentaster, dessen Spreizung dann mit einem Messschieber abgemessen wird. Die so erhaltenen Maße werden dann mit jenen der Querschnittsflächen am Flansch verglichen, um sicher zu stellen, dass entlang des gesamten Ansaugkanals von der Drosselklappe bis zum Einlassventil ein ausreichender Querschnitt besteht. Richtwerte für die Bemessung des Ansaugkanals bei der genannten Bauart mit einem SU-Vergaser je zwei Ansaugkanälen können der beigefügten Tabelle entnommen werden:

Hubraum je Zylinder und erforderlicher Ansaugkanaldurchmesser – 1 SU-Vergaser je zwei Zylinder:

250 cm^3	28-29 mm
300 cm^3	29-30 mm
350 cm^3	30-31 mm
400 cm^3	31-32 mm
450 cm^3	32-33 mm
500 cm^3	33-34 mm
550 cm^3	35-36 mm
600 cm^3	36-37 mm
650 cm^3	37-38 mm
700 cm^3	38-39 mm
750 cm^3	39-40 mm

Interessanterweise wurde der in den sechziger Jahren im Jaguar E-Type eingebaute Motor mit drei SU-Vergasern mit 2 Zoll Durchmesser (50,8 mm) am Einlass versehen, während die einzelnen Ansaugkanäle an der Motorseite des Ansaugkrümmers einen Durchmesser von je 39 mm aufweisen. Der an diesem Motor serienmäßig verbaute Ansaugkrümmer bedarf keinerlei Aufweitung der Ansaugkanäle, da diese schon ab Werk sehr großzügig bemessen sind. Dieser Motor hat auch den größten Zylinderhubraum je Vergaser, den man je antreffen dürfte.

Diese XK-Motoren haben einen Hubraum von 3,8 und 4,2 Litern, d.h. der Hubraum der einzelnen Zylinder beträgt 635 bzw. 700 cm^3, wobei jeder der SU-Vergaser je zwei Zylinder mit Gemisch versorgt. Der SU-Vergaser mit 2 Zoll Einlassdurchmesser ist der größte SU-Vergaser, der je gebaut wurde und wenn der genannte Motor auf 8000 U/min und 300 PS frisiert wurde, tun diese Vergaser weiterhin an einem meist nur geringfügig geänderten Ansaugkrümmer zuverlässig ihren Dienst. Einige Detailänderungen sind an den Vergasern für einen derartigen Motor erforderlich, insgesamt bleiben sie aber als die SU-Vergaser der Serienversion erkennbar. Nicht alle Ansaugkrümmer lassen sich auf den in der Tabelle angegebenen Durchmesser aufweiten, bei den meisten ist es allerdings möglich. Es steht jedoch fest, dass ein Motor um so mehr leistet, je mehr der Ansaugkrümmer aufgeweitet wurde. Die durch die ursprüngliche Wandstärke und Konstruktion des Ansaugkrümmers gesetzten Grenzen müssen dabei natürlich erkannt und beachtet werden, damit der Ansaugkrümmer während der Fahrt nicht samt Vergasern abbricht und so ein schwerer Unfall mit Feuergefahr verursacht wird. Die Wandstärke eines aus Guss gefertigen Ansaugkrümmers muss mindestens 2,5 mm betragen, sofern die einzelnen Krümmerrohre nicht anderweitig abgestützt werden. Befinden sich am Guss angegossene Stege oder Rippen, so kann die Wandstärke bis auf maximal 2 mm reduziert werden. Die an einem gegebenen Ansaugkrümmer mögliche Aufweitung ergibt sich also aus den vorgefunden Außenabmessungen. Die doppelte Mindestwandstärke ist vom Außendurchmesser bzw. der Außenbreite zu subtrahieren, um die größtmögliche Dimensionierung der Ansaugkanäle zu errechnen. Findet man ab Werk keine Stege oder Verstärkungen am Ansaugkrümmer, so lassen sich diese nachträglich aufschweißen (Gusselektrode).

Das Aufweiten erfolgt mit einem Stabschleifer mit Diamanteinsatz. Es kann passieren, dass der Stabschleifer unversehens von innen durch die Ansaugkrümmerwand hindurch schleift. Der Ansaugkrümmer muss dann von außen wieder zugeschweißt werden. Das Aufweiten eines serienmäßig eingebauten Ansaugkrümmers mag recht arbeitsaufwendig erscheinen, stellt sich jedoch als wesentlich einfacher dar als eine vollkommene Neuanfertigung eines größer dimensionierten Ansaugkrümmers. Eine Anleitung für die Neuanfertigung würde den Rahmen dieses Buches sprengen und wird deshalb hier auch nicht behandelt. Tatsächlich sind es die durch die Dimensionierung des serienmäßigen Ansaugkrümmers gesetzten Grenzen, die dem SU-Vergaser das Image einer für Motorsport und Leistungssteigerung weniger geeigneten Gemischbildungsanlage geben. Denn wie bereits erwähnt, wird in den meisten Serienmotoren ein SU-Vergaser für je zwei Zylinder verwendet, mit der einhergehenden Gabelung des Ansaugkrümmers, die eine Vergrößerung des Ansaugkrümmers schwierig gestaltet.

Bei einem Weber bzw. Dellorto tritt dieses Problem nicht auf, weil hier ohnehin meist ein Einlasskanal des Doppelvergasers nur je einen Zylinder versorgt, eine Änderung der Innenabmessungen des Ansaugkrümmers also wesentlich leichter vorzunehmen ist. So kann man also behaupten, dass der Bauart Weber bzw. Dellorto an den bevorzugt leistungsgesteigerten Motortypen der Vorzug gegeben wird, weil sich die serienmäßig vorhandenen Ansaugkrümmer bei diesem Typ wesentlich leichter vergrößern lassen, als die für SU-Vergaser üblicherweise verwendeten Ansaugkrümmer. Dies unterstreicht nur die Wichtigkeit der Gestaltung des Ansaugkanals im Vergleich zur Wahl des Vergasers, eine Leistungssteigerung lässt sich bei korrekter Dimensionierung des Ansaugkrümmers ebenso mit einer SU-Gemischbildungsanlage erreichen.

Als Lehre zur Messung des Innendurchmessers bei Ansaugkrümmern mit runden Ansaugkanälen kann ein altes Einlassventil zweckentfremdet werden, das auf den erforderlichen Durchmesser abgedreht wird. Diese sehr leicht herzustellende Lehre erweist sich als äußerst hilfreich, wenn es um die Überprüfung der Abmessungen der gegabelten Ansaugkrümmerkanäle geht. Ein Auslassventil ließe sich theoretisch ebenfalls verwenden, ist aber schwerer zu bearbeiten, da aus härterem Stahl gefertigt. Das Aufweiten der Ansaugkanäle im Ansaugkrümmer erfolgt vom Flansch nach innen hin. Das abgedrehte Ventil wird in den Ansaugkanal eingesetzt und wenn es klemmt bzw. auf Widerstand stößt, so muss an der betreffenden Stelle gerade so viel Material mehr weggenommen werden, dass sich das als Lehre fungierende Einlassventil unter leichtem Zwang hindurch führen lässt. Dies ist die beim Aufweiten verwendete, grundsätzliche Methode, die Erfahrung hat jedoch gezeigt, dass das Aufweiten besser in zwei Stufen erfolgen sollte. Hierfür sind zwei Lehren erforderlich. Das erste Einlassventil wird auf ein Maß abgedreht, das etwas über dem vorhandenen Durchmesser der Ansaugkanäle liegt. Das zweite Ventil wird auf den endgültig erforderlichen Durchmesser abgedreht.

Durch das Aufweiten in zwei Stufen vermeidet man ein ungewolltes, einseitiges Abtragen von Material. Mit dem kleineren Ventil trägt man genug Material ab, um sich dem endgültigen Durchmesser zu nähern, das größere Ventil dient dann dem Feinschliff auf ein exaktes Maß. Beispiel: Der endgültig erwünschte Durchmesser des Ansaugkanals beträgt 34 mm, während der vorhandene Durchmesser des ab Werk eingebauten Krümmers 30 mm beträgt. Das kleinere Einlassventil wird auf 32,5 mm abgedreht, das größere auf 33,5 mm. Der Spalt von 0,5 mm zwischen der größeren Lehre und dem Nenndurchmesser von 34 mm ist aus praktischen Gründen erforderlich, da aufgrund geringer Unebenheiten eine Lehre von 34 mm Durchmesser immer stecken bleiben würde oder der Ansaugkanal unbeabsichtigter Weise zu groß gestaltet werden könnte.

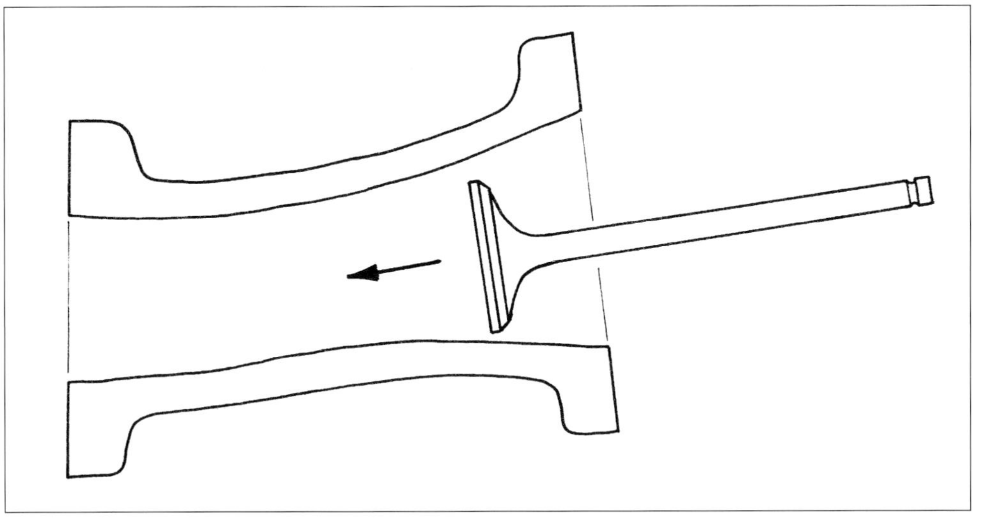

Abgedrehtes Einlassventil, das als Lehre zum Prüfen des Ansaugkanal-Durchmessers umfunktioniert wurde.

Die oben angegebenen Hinweise zum Aufweiten des Ansaugkrümmers gelten für runde Ansaugkanäle. Es gibt aber, wie bereits erwähnt, auch Ansaugkanäle mit rechteckigem oder quadratischem Querschnitt. Hier muss der Innentaster verwendet werden. Noch besser ist die Anfertigung einer Lehre aus einem in den Abmessungen dem erwünschten Ansaugkrümmerquerschnitt entsprechenden Stück Blech und einem Rundstab oder dünnen Rohr. Diese Lehre wird dann nach dem selben Verfahren verwendet, wie das zuvor genannte, abgedrehte Einlassventil. Auf das „Augenmaß“ ist bei diesen Arbeiten erfahrungsgemäß kein Verlass, die Aufweitung des Ansaugkanals erfolgt dann ungleichmäßig und macht eine unbedingt anzustrebende, gleichmäßige Füllung aller Zylinder des Motors unmöglich.

KAPITEL 3

Festlegen der Vergasergröße

Die Größe des Vergasers ist grundsätzlich gemäß dem zu erwartenden Luftdurchsatz zu bemessen. Die von einem leistungsgesteigerten Motor angesaugte Luftmenge übersteigt oft bei weitem den Luftdurchsatz der Serienversion. Die Höchstleistung, die ein Motor abgeben kann, hängt von zwei Faktoren ab. Zum Einen ist die angesaugte Luftmenge ausschlaggebend. Ein Motor ist im Prinzip eine Luftpumpe, je mehr Luft durchgepumpt werden kann, um so mehr Leistung ist möglich. Die Leistung wird aber erst erzeugt, wenn der zweite Faktor zum Tragen kommt, nämlich wenn die angesaugte Luftmenge im Motor effizient verbrannt wird. Es ist von entscheidender Bedeutung, der verfügbaren Luftmenge auch immer die ausreichende und angemessene Menge Kraftstoff beizumischen, damit dann aus dem resultierenden Luft-Kraftstoff-Gemisch die maximale Leistung freigesetzt werden kann. Im Umkehrschluss macht es also keinen Sinn, einen Motor, der eine große Luftmenge verarbeiten kann, mit einer Vergaseranlage zu versehen, die nicht in der Lage ist, der Luft die erforderliche Kraftstoffmenge zuzuteilen. Ein derart ausgestatteter Motor würde zwar sauber durch das Drehzahlspektrum hoch drehen, jedoch abrupt an einer Drehzahlgrenze „hängen bleiben", weil der Vergaser einfach nicht mehr Luft durchlässt und somit auch nicht mehr Kraftstoff beimengen kann. Gleichfalls ist es Unsinn, einen zu großen Vergaser an einen Motor mit nur mäßigem Luftdurchsatz anzubauen. An einem solchen Motor würde man über das gesamte Drehzahlspektrum hinweg Probleme haben, weil die zu groß bemessenen Ansaugkanäle im Vergaser nie eine ausreichende Sogwirkung zulassen würden, um den Kraftstoff gleichmäßig zu zerstäuben. Träge Gasannahme und verschwenderische Verbrauchswerte wären die Folge.

Diese beiden Szenarien lassen auch Rückschlüsse auf die Eignung des Ansaugkrümmers zu. Stellt man eine klare Drehzahlgrenze fest, so ist entweder der Vergaser zu klein oder der Ansaugkrümmer zu groß. Es würde sich hier lohnen, eine größere Vergaseranlage an den offenbar schon großzügig bemessenen Ansaugkrümmer anzuschließen, um den möglichen Luftdurchsatz des Ansaugkrümmers besser auszunutzen. Hat man es aber wie im zweiten Szenario mit einem zu großen Vergaser zu tun, so ist eine Aufweitung des Ansaugkrümmers in Betracht zu ziehen. Ist diese nicht mehr möglich, so sollte man auf einen Vergaser mit kleinerem Einlassdurchmesser umsatteln.

Grundsätzlich ist zu beachten, dass Vergaser mit kleinerem Einlass für den täglichen Betrieb auf der Straße besser geeignet sind. Im Zweifelsfall sollte man bei einem kleineren Vergaser bleiben, wenn es sich um ein Straßenfahrzeug für den täglichen Gebrauch handelt. Die Verwendung eines größeren Vergasers macht meist nur dann Sinn, wenn das Fahrzeug für den Motorsporteinsatz gedacht ist und konstant mit hohen Drehzahlen gefahren werden soll. Hat man es mit einem Motor zu tun, der ursprünglich mit nur einem einzigen Vergaser ausgestattet ist, so kann man bei diesen Erwägungen versucht sein, eine Vergaseranlage mit zwei kleineren SU-Vergasern anzubauen, deren Querschnitt insgesamt mehr Luft durchlässt als der Einlass des einzelnen Vergasers. Zwar wird die Vergaseranlage mit zwei SU-Vergasern für eine gleichmäßigere Gemischverteilung auf alle Zylinder des Motors sorgen können, birgt aber die Komplikationen der exakten Synchronisierung beider Vergaser aufeinander in sich und erfordert außerdem einen völlig neuen Ansaugkrümmer. Man kann unter Umständen mit dem einzelnen Vergaser genauso gute oder nahezu so gute Ergebnisse erzielen, wie mit der Zweifach-Vergaseranlage, erreicht damit jedoch eine nicht zu vernachlässigende Kostenersparnis und gestaltet die Einstellung und Wartung dieses einzelnen Vergasers wesentlich einfacher. Die Verwendung des einzelnen Vergasers ist also insbesondere für den Alltagseinsatz, wo maximale Zuverlässigkeit und Wirtschaftlichkeit gefragt sind, von Vorteil.

Baugrößen der SU-Vergaser

Während die Firma SU im Laufe der Jahre eine Vielzahl von Vergasern gebaut haben, so blieb die Anzahl der Drosselklappengrößen doch auf sechs Größen begrenzt. Die Abmessungen reichen von 1 1/8 Zoll über 1 1/4, 1 1/2, 1 3/4, 1 7/8 und 2 Zoll Durchmesser am Vergasereinlass. Diese Drosselklappengrößen beziehen sich auf die Gesamtheit aller je gebauten SU-Vergaser, während einzelne Vergaserbaureihen jedoch niemals die gesamte Bandbreite dieser sechs Drosselklappengrößen abdeckten. Die Betrachtung in Bezug auf die Vergaserbaureihe bleibt jedoch unerheblich. Entscheidend ist der Durchmesser am Lufteinlass des Vergasers und man sollte den zu verwendenden SU-Vergaser nach diesem Kriterium auswählen. Der SU-Vergaser ist in einer großzügigen Anzahl von Größenabstufungen erhältlich, so dass jeder Motor für jeden Anwendungsbereich mit der richtigen Gemischbildungsanlage versehen werden kann. Nur selten zur Anwendung kommt der kleinste SU-Vergaser vom Typ H1 mit 1 1/8 Zoll Lufteinlass bzw. Drosselklappendurchmesser. Dieser Vergasertyp ist mittlerweile als antiquiert einzustufen und wird im Regelfall immer durch einen 1 1/4-Zoll SU-Vergaser ersetzt. Wenn jedoch ein Fahrzeug mit dem 1 1/8-Zoll SU-Vergaser im Originalzustand erhalten bleiben soll, dann gelten die nachstehend aufgeführten Vorgehensweisen für diesen Vergasertyp H1 ebenso wie für alle anderen Vergaser.

Ein „Überdruckventil" in der Drosselklappe stellt eine erhebliche Behinderung des Luftstroms dar.

Baureihen und Typologie der SU-Vergaser

H1	1 1/8 Zoll Drosselklappendurchmesser
H2	1 1/4 Zoll Drosselklappendurchmesser
H4	1 1/2 Zoll Drosselklappendurchmesser
H6	1 3/4 Zoll Drosselklappendurchmesser
HD4	1 1/2 Zoll Drosselklappendurchmesser
HD6	1 3/4 Zoll Drosselklappendurchmesser
HD8	2 Zoll Drosselklappendurchmesser
HS2	1 1/4 Zoll Drosselklappendurchmesser
HS4	1 1/2 Zoll Drosselklappendurchmesser
HS6	1 3/4 Zoll Drosselklappendurchmesser
HS8	2 Zoll Drosselklappendurchmesser
HIF4	1 1/2 Zoll Drosselklappendurchmesser
HIF6	1 3/4 Zoll Drosselklappendurchmesser
HIF7	1 7/8 Zoll Drosselklappendurchmesser
HIF38	38 mm Drosselklappendurchmesser
HIF44	44 mm Drosselklappendurchmesser

An Vergasern für den Motorsporteinsatz bzw. für einen leistungsgesteigerten Motor sollte man die Drosselklappenbauart mit Überdruckventil vermeiden. Findet man eine solche Drosselklappe vor, so ist diese entweder gegen eine neue ohne Überdruckventil auszutauschen oder das Ventil ist zu entfernen und die entstandene Öffnung durch Löten zu schließen. Überschlagsmäßig kann gesagt werden, dass ein 1 1/4-Zoll SU-Vergaser einen serienmäßigen Vierzylindermotor mit 1000 cm³ Hubraum mit einer ausreichenden Luftmenge versorgen kann, ein 1 1/2-Zoll SU-Vergaser für einen serienmäßigen Vierzylinder mit 1800 cm³ Hubraum geeignet ist und ein 1 3/4-Zoll SU-Vergaser einen serienmäßigen Vierzylinder mit 2400 cm³ angemessen beatmet. Diese Werte haben für das Zylindervolumen dieser Motoren Gültigkeit, solange eine Drehzahlgrenze von 4000 bis 5000 U/min nicht überschritten werden soll und das Drehmomentverhalten und die Sparsamkeit im Kraftstoffverbrauch bei einem für den Alltag geeigneten Motor im Vordergrund stehen müssen. Wenn nun eine Leistungssteigerung von Motoren der betreffenden Größe in Angriff genommen wird, so ist die Dimensionierung des Vergasers für die einzelnen Gemischbildungsanlagen wie nachstehend aufgeführt anzupassen.

SU-Vergaseranlagen mit einem einzelnen Vergaser für Vierzylindermotoren

Ein leistungsgesteigerter Vierzylinder-Reihenmotor mit 850 bis 1000 cm³ Hubraum mit Einzelvergaseranlage kann mit einem SU-Vergaser der Größe 1 1/4 Zoll oder 1 1/2 Zoll versehen werden. Ein leistungsgesteigerter Vierzylinder-Reihenmotor mit 1000 bis 1300 cm³ Hubraum mit Einzelvergaseranlage kann mit einem SU-Vergaser der Größe 1 1/2 Zoll oder 1 3/4 Zoll versehen werden. Ein leistungsgesteigerter Vierzylinder-Reihenmotor mit 1200 bis 1500 cm³ Hubraum mit Einzelvergaseranlage benötigt mindestens einen SU-Vergaser der Größe 1 1/2 Zoll, besser aber einen Vergaser der Größe 1 3/4 Zoll, während ein aufwendig getunter Motor von 1500 cm³ Hubraum wahrscheinlich einen SU-Vergaser der Größe 1 7/8 Zoll erfordern wird. Ein leistungsgesteigerter Vierzylinder-Reihenmotor mit 1500 bis 1700 cm³ Hubraum mit Einzelvergaseranlage kann mit einem SU-Vergaser der Größe 1 3/4 Zoll oder 1 7/8 Zoll versehen werden. Hingegen wird ein leistungsgesteigerter Vierzylinder-Reihenmotor mit 1700 bis 2000 cm³ Hubraum mit Einzelvergaseranlage einen SU-Vergaser der Größe 1 3/4 Zoll oder 1 7/8 Zoll oder gar 2 Zoll benötigen.

SU-Vergaseranlagen mit zwei Vergasern für Vierzylindermotoren

SU-Zweifachvergaseranlagen findet man üblicherweise an Vierzylinder-Reihenmotoren, die auf Hochleistung ausgelegt sind. Es wurden jedoch auch eine ganze Reihe von Sechszylindermotoren ab Werk mit zwei SU-Vergasern ausgestattet. Die SU-Zweifachvergaseranlage lässt sich an jeder beliebigen Bauart von Vierzylindermotoren verwenden. Ein leistungsgesteigerter Vierzylindermotor mit 850 bis 1200 cm³ Hubraum mit Zweifachvergaseranlage benötigt zwei SU-Vergaser der Größe 1 1/4 Zoll. Ein Motor mit 1000 bis 1200 cm³ Hubraum muss schon stark modifiziert werden, um die Verwendung von zwei SU-Vergasern der Größe 1 1/2 Zoll zu rechtfertigen. In den meisten Fällen werden zwei SU-Vergaser der Größe 1 1/4 Zoll ausreichen.

Ein stark modifizierter Vierzylindermotor mit 1200 bis 1400 cm³ wird zwei SU-Vergaser der Größe 1 1/2 Zoll benötigen. Ein leistungsgesteigerter Vierzylindermotor von 1200 bis 1600 cm³ wird zwei 1 1/2-Zoll SU-Vergaser erfordern, während ein stark modifizierter Motor mit 1500 bis 1600 cm³ ohne weiteres mit zwei SU-Vergasern der Größe 1 3/4 Zoll bestückt werden könnte. Ein leistungsgesteigerter Vierzylindermotor mit 1600 bis 1800 cm³ benötigt entweder zwei SU-Vergaser der Größe 1 1/2 Zoll oder zwei SU-Vergaser der Größe 1 3/4 Zoll. Die Größe 1 3/4 Zoll eignet sich insbesondere für Motoren, die für hohe Drehzahlen ausgelegt sind und einen in den Einlass- und Auslasskanälen stark aufgeweiteten Zylinderkopf haben. Ein leistungsgesteigerter Vierzylindermotor mit 1800 bis 2300 cm³ benötigt zwei SU-Vergaser der Größe 1 3/4 Zoll bis 1 7/8 Zoll. Da SU-Vergaser der Größe 1 3/4 Zoll wesentlich leichter zu beschaffen sind, als die größer dimensionierten 1 7/8-Zoll-Vergaser, wird man zuerst die kleinere Version prüfen wollen. Die Erfahrung zeigt auch eindeutig, dass die Verwendung der größeren 1 7/8-Zoll SU-Vergaser sich nur rechtfertigen lässt, wenn der Ansaugtrakt jeweils stark aufgeweitet wird. Anderenfalls wird man trotz des größeren Vergasers keine oder nur eine sehr geringe Leistungssteigerung erreichen. Ein stark leistungsgesteigerter Vierzylindermotor mit 2300 bis 2500 cm^3 Hubraum wird auf jeden Fall zwei SU-Vergaser der Größe 2 Zoll benötigen.

Aus den oben gemachten Angaben ist eine gewisse Überschneidung bei der Eignung von Vergasergrößen für Vierzylindermotoren mit einem gegebenen Hubraum zu erkennen. Das liegt in dem relativ geringen Zylindervolumen der einzelnen Zylinder eines Vierzylindermotors begründet. Wie sich jeder bewusst sein wird, ist das Herumexperimentieren mit Vergasergrößen eine kostspielige und aufwendige Angelegenheit – man muss jeweils immer neue bzw. andere Vergaser beschaffen und testen, um Gewissheit zu erlangen. Man sollte bei der Auswahl der Vergasergröße die Eignung des vorhandenen Motors mit seinem Zylinderkopf und dem Ansaugkrümmer für eine Leistungssteigerung sehr konservativ und realistisch beurteilen. Man wird im Zweifelsfall mit einem etwas zu klein geratenen Vergaser bessere Ergebnisse erzielen als mit einem für den Querschnitt der Ansaugkanäle und somit für den potenziell möglichen Luftdurchsatz zu groß bemessenen Vergaser. Dies gilt insbesondere für Fahrzeuge, die für den Alltagsbetrieb im Straßenverkehr gedacht sind. Fasst man einen Motorsporteinsatz bei dauerhaft hohen Drehzahlen ins Auge, so wird das Budget sicherlich ein Experimentieren mit unterschiedlichen Vergasergrößen zulassen bzw. zulassen müssen, denn durch die exakte Vergaserdimensionierung lassen sich dem Motor im oberen Drehzahlbereich noch einige PS entlocken. Eine derartig ausgelegte Gemischbildungsanlage wird im unteren Drehzahlbereich jedoch eine wenig zufrieden stellende Gasannahme zeigen und im Alltagsbetrieb einen schwer verträglichen Spritverbrauch an den Tag legen.

SU-Vergaseranlagen mit drei Vergasern für Sechszylindermotoren

Eine Dreifachvergaseranlage findet man im Regelfall an Hochleistungsmotoren mit sechs in Reihe angeordneten Zylindern. Hierbei versorgt wieder wie beim Vierzylindermotor ein SU-Vergaser zwei Zylinder. Diese Motoren haben üblicherweise einen Hubraum von 2000 bis 4500 cm^3. Die für eine Dreifachvergaseranlage in Frage kommenden Größen sind 1 1/2 Zoll, 1 3/4 Zoll und 1 7/8 Zoll. Ein mäßig leistungsgesteigerter Sechszylindermotor mit 2000 bis 2800 cm^3 Hubraum benötigt drei SU-Vergaser mit 1 1/2 Zoll Einlasskanaldurchmesser, bei hochgezüchteten Motoren wird die Größe 1 3/4 Zoll erforderlich. Maßvoll leistungsgesteigerte Sechszylindermotoren mit 2800 bis 3800 cm^3 Hubraum benötigen drei SU-Vergaser mit 1 3/4 Zoll Einlasskanaldurchmesser, bei Motoren mit einer starken angestrebten Leistungssteigerung ist die Verwendung von drei SU-Vergasern der Größe 1 7/8 Zoll angemessen. Sechszylindermotoren mit 3800 bis 4500 cm^3 Hubraum benötigen drei SU-Vergaser der Größe 2 Zoll.

SU-Vergaseranlagen mit vier Vergasern

Eine Vierfachvergaseranlage ist nur für V8- oder V12-Zylindermotoren geeignet. Für den Rover-V8 gibt es einen Umrüstsatz auf SU-Vergaser samt speziell angefertigten Ansaugkrümmern aus Stahlrohr. Hierbei kommen wohlgemerkt die beiden serienmäßig verwendeten SU-Vergaser mit dem Einlassdurchmesser von 1 3/4 Zoll zum Einsatz, denen dann weitere zwei exakt identische Vergaser hinzugefügt werden. Der mögliche Luftdurchsatz wird also theoretisch verdoppelt. Die so erreichte Leistungssteigerung ist enorm, weil man durch diese speziellen Ansaugkrümmer eine wesentlich gleichmäßigere Kraftstoffverteilung erreicht. Die Einlasskanäle der Ansaugkrümmer sind exakt richtig dimensioniert und aus dünnwandigem Vierkant-Stahlprofil aus einfachem Baustahl gefertigt. Dieses Material ist in jedem Metallhandel zu erwerben. Geht man von einem V8-Motor aus, bei dem jeweils ein Vergaser zwei Zylinder mit Gemisch versorgt, so ergeben sich für den jeweiligen Zylinderhubraum die folgenden Vergasergrößen:

1 1/4-Zoll SU-Vergaser:	200 – 250 cm^3 pro Zylinder
1 1/2-Zoll SU-Vergaser:	250 – 400 cm^3 pro Zylinder

1 3/4-Zoll SU-Vergaser:	400 – 500 cm^3 pro Zylinder
1 7/8-Zoll SU-Vergaser:	500 – 600 cm^3 pro Zylinder
2-Zoll SU-Vergaser:	600 – 700 cm^3 pro Zylinder

Kompromisse bei der Auswahl von Vergasern

Bisweilen stellt man beim Testen von Vergasern einer bestimmten Größe an dem vorhandenen Motor fest, dass deren Einlassdurchmesser für den erforderlichen Luftdurchsatz etwas zu groß ist. Es stellt sich dann die unausweichliche Frage, ob man diese nun einmal vorhandenen Vergaser dennoch verwenden sollte, um sich so die Kosten einer Neuanschaffung kleinerer Vergaser zu ersparen. Sind die vorhandenen Vergaser nur geringfügig zu groß, so werden sich aus deren Einsatz keine tiefgreifenden Probleme ergeben. Liegt das Verhältnis von Zylindervolumen und Einlassdurchmesser der vorhandenen Vergaser jedoch an der oberen Grenze des zulässigen Wertes, so kann deren Verwendung zu Problemen bei der Einstellung und im Alltagsbetrieb führen. Wie bereits erwähnt, ist es weniger problematisch, einen zu kleinen Vergaser zu verwenden, als einen Vergaser mit zu groß bemessenem Einlasskanaldurchmesser. Letztendlich sind der Grad der angestrebten Leistungssteigerung und der daraus folgende, mögliche Luftdurchsatz des Motors ausschlaggebend für die Wahl der Vergasergröße. Die in diesem Kapitel angegebenen Vergasergrößen sind in den meisten Fällen richtig. Handelt es sich jedoch um einen stark leistungsgesteigerten Motor, so sollte man den größeren, in der Bandbreite angegebenen Vergaser wählen. Weniger stark modifizierte Motoren werden sich für die Verwendung der jeweils kleineren Vergasergröße besser eignen.

KAPITEL 4

Düsennadeln

In SU-Vergasern kommen grundsätzlich Düsennadeln mit drei möglichen Durchmessern zur Anwendung. Die Nadeln werden als 90er, 100er oder 125er klassifiziert. Die 90er Nadel passt in eine Hauptdüse mit einem Innendurchmesser von 0,090 Zoll, die 100er Nadel in eine Hauptdüse von 0,100 Zoll Innendurchmesser und eine 125er Nadel wird zusammen mit einer Hauptdüse von 0,125 Zoll Innendurchmesser verwendet. Die SU-Vergaser der Größen 1 1/4 Zoll, 1 1/2 Zoll und die später gefertigten Vergaser vom Typ HIF38 sind mit 90er Düsen ausgestattet. In den SU-Vergasern der Größe 1 3/4 Zoll, 1 7/8 Zoll sowie im SU-Vergaser vom Typ HIF44 kommen 100er Hauptdüsen zur Anwendung. Nur der SU-Vergaser der Größe 2 Zoll ist mit der 125er Hauptdüse bestückt.

Es gibt zwei unterschiedliche Bauarten von Düsennadeln für SU-Vergaser. Die erste Bauart findet man in den früher hergestellten Modellen der Baureihen H und HD. Sie wird die „fixierte" Bauart genannt, weil sie mit dem Saugkolben fest verbunden ist. Die neuere Bauart der Düsennadel wurde für die abgasgeregelten Vergaserversionen vom Typ HS und HIF entwickelt. Diese Bauart der Düsennadel ist federbelastet und mit einer vollkommen anderen Klemmvorrichtung am Saugkolben befestigt. Alle Düsennadeln sind im Saugkolben des SU-Vergasers an exakt der selben Stelle befestigt, d.h. der Absatz der Düsennadel liegt bündig mit der Unterseite des Saugkolbens. Die Düsennadeln selbst unterscheiden sich jedoch je nach dem Modell des Vergasers. 90er und 100er Düsen gibt es sowohl in der „fixierten" Bauart als auch in der federbelasteten Ausführung. Die 125er Düsennadel ist jedoch nur als „fixierte" Version verfügbar. Die Düsennadelgröße wird vorzugsweise nicht durch Nachmessen bestimmt, sondern durch Ablesen des auf der Düsennadeln angebrachten Codes. Dieser wird dann mit den Angaben im SU-Tabellenbuch für Düsennadelgrößen verglichen, um so die Größe zu bestimmen. Dem Tabellenbuch sind die unterschiedlichen Durchmesser an vorher festgelegten Punkten des Nadelprofils zu entnehmen. In diesem Tabellenbuch sind alle jemals hergestellten Nadeln aufgeführt. Sucht man nach einer Düsennadel, die ein fetteres oder magereres Gemisch erzeugt, so wird die erforderliche Größe anhand der Tabellenangaben ermittelt.

Die offiziellen, von SU vorgegebenen Messpunkte für den Durchmesser der Düsennadel beginnen am Absatz und befinden sich von dort an gemessen in Abständen von je 3,2 mm entlang der Düsennadel bis zu deren Spitze hin. Um eine Nadel mit einer anderen vergleichen zu können, ist es von ausschlaggebender Wichtigkeit, diese Messpunkte genau zu ermitteln. Die Messpunkte sind deshalb so wichtig, weil sie jeweils einem bestimmten Abschnitt entlang des Düsennadelprofils zugeordnet sind, dem in der Bewegung der Düsennadel durch die Düse eine ganz bestimmte Aufgabe zukommt. Das SU-Tabellenbuch für Düsennadelprofile bietet die exakteste Methode zum Vergleich unterschiedlicher Düsennadeln, da hier die Durchmesser jeder Nadelgröße an den betreffenden Messpunkten angegeben sind. Beim Vergleich von Düsennadeln kommt es darauf an, zu ermitteln, in wie weit die betreffende Nadel das Gemisch im vorliegenden Vergaser anfetten oder abmagern würde. Bei gleich bleibender Düsengröße bewirkt ein kleinerer Durchmesser ein

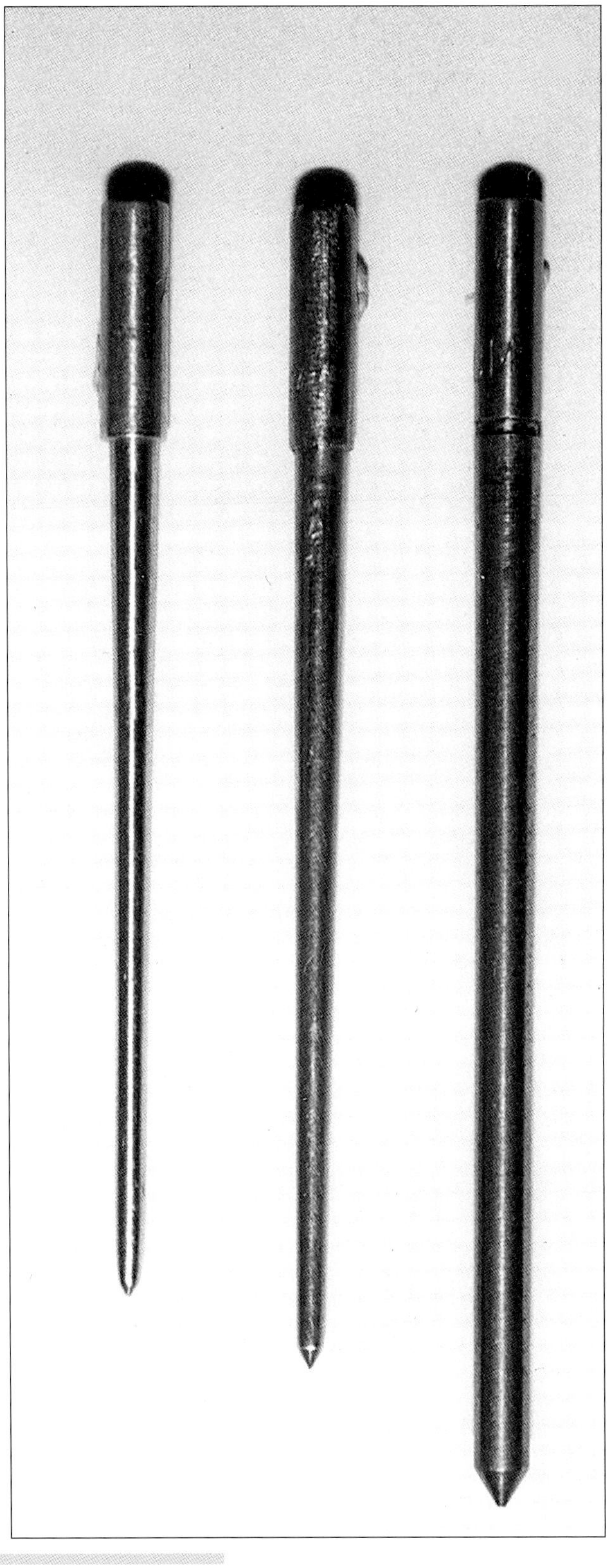

Links eine 90er Nadel mit 0,090 Zoll Durchmesser, in der Mitte eine 100er Nadel mit 0,100 Zoll Durchmesser und eine „fixierte" 125er Nadel von 0,125 Zoll Durchmesser rechts.

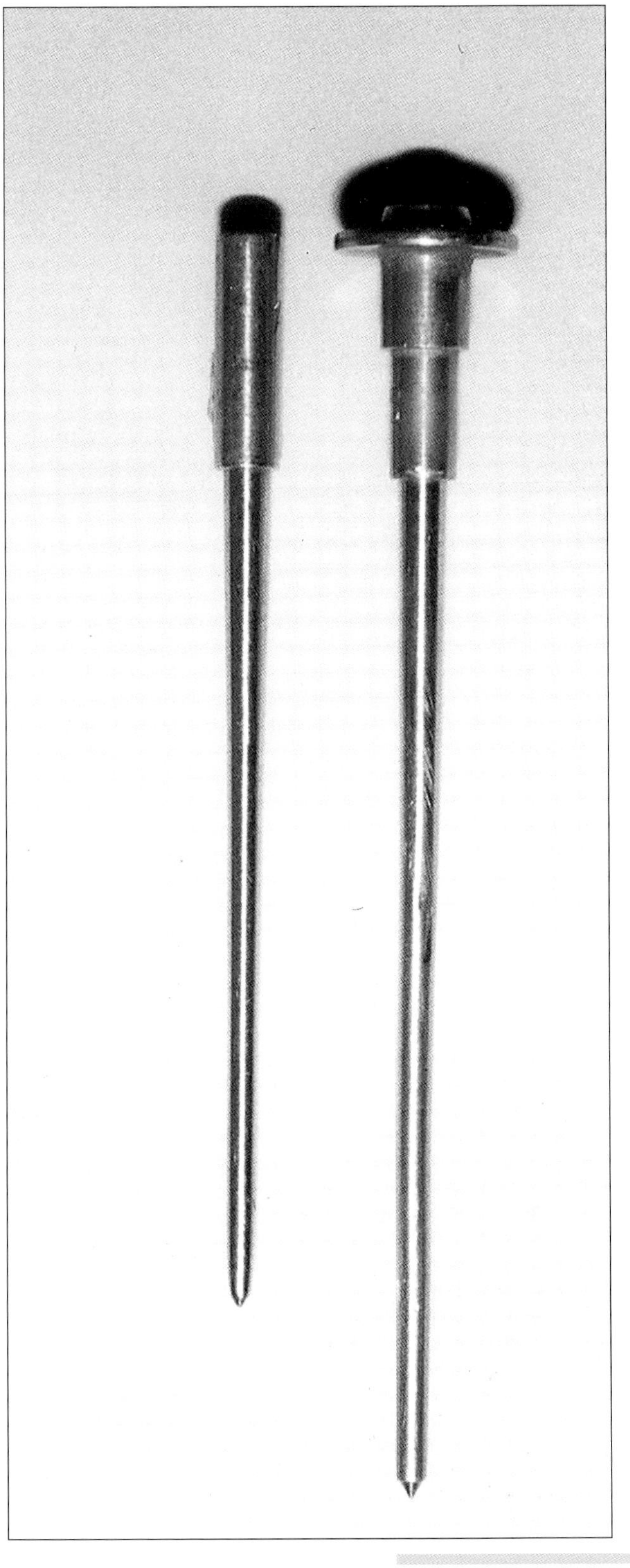

Links eine Düsennadel der „fixierten" Bauart, rechts die federbelastete Bauart.

fetteres Gemisch, eine im Durchmesser stärkere Düsennadel eine Abmagerung des Gemischs.

Der Durchmesser der Nadel ändert sich entlang seines Profils und beeinflusst hierdurch die Ge-

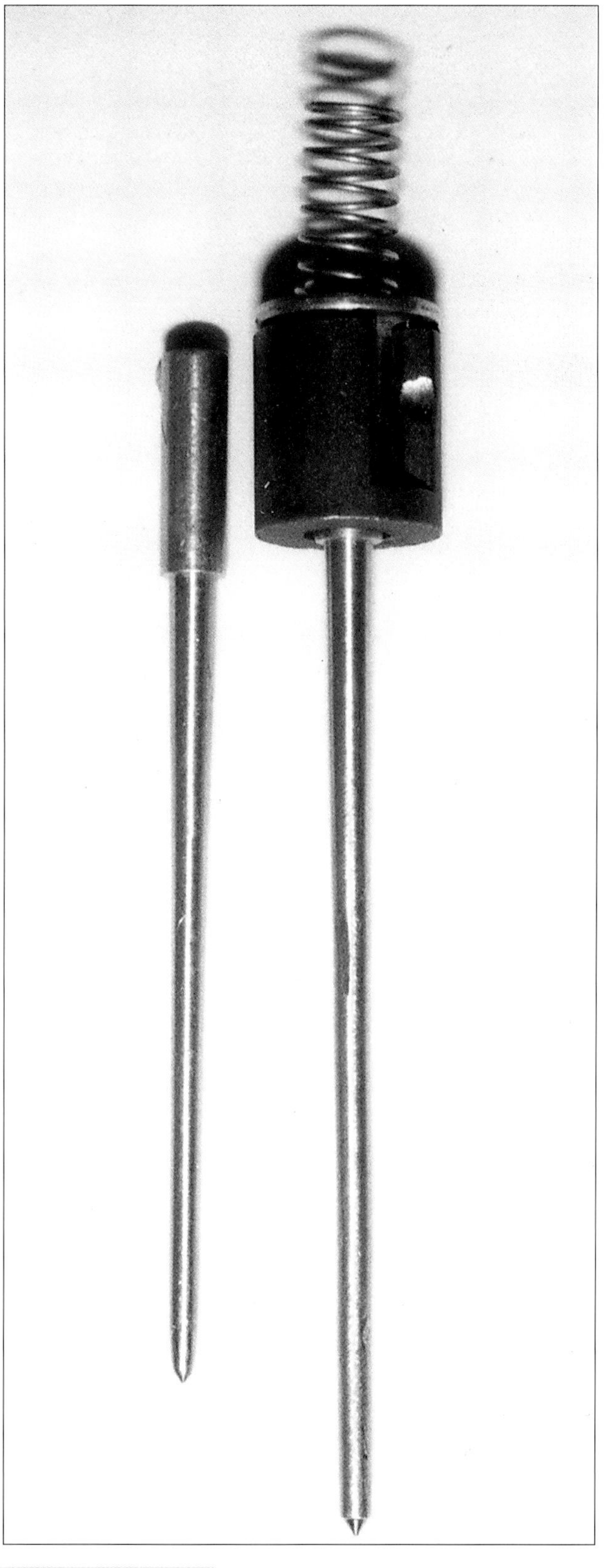

Die links dargestellte Düsennadel kann ohne weitere Befestigungsmittel in den Saugkolben eingesetzt werden. Die rechts dargestellte, federbelastete Düsennadel erfordert eine Feder und eine zylindrische Einfassung, um im Saugkolben montiert werden zu können.

mischzusammensetzung an dem Punkt im Drehzahlspektrum, an dem der Saugkolben durch seine Hubbewegung diesen Bereich der Düsennadel in den Querschnitt der Hauptdüse gehoben hat. Trotz der genauen Angaben im Tabellenbuch wird man um einen Testlauf am Objekt nicht umhin kommen, bevor die exakt richtige Düsennadel für den betreffenden Verwendungszweck ermittelt wurde. Hierbei ist das Ausschlussprinzip zu befolgen und durch Versuch und Irrtum lässt sich das erforderliche Idealprofil der Düsennadel ermitteln. Dieses Idealprofil wird durch Rückschlüsse ermittelt, die sich durch das Auftreten von Mängeln bei der Verwendung einzelner Düsennadeln in einem bestimmten Drehzahlbereich ziehen lassen. Bedauerlicherweise sind Düsennadeln nicht allzu preiswert und eine Nachbestellung von Düsennadeln bedeutet immer eine Verzögerung des Einstellvorgangs. Der Aufwand und die Geduld zahlen sich aber am Ende durch einen 100 % korrekt eingestellten Vergaser aus. Man kann dabei Geld für Düsennadeln ausgeben, die sich nach fünf Minuten im Test als ungeeignet erweisen. Das erfordert dann die Bestellung weiterer Düsennadeln und dieser Vorgang kann eine gewisse Frustration mit sich bringen. Leider gibt es zu diesem Experimentieren keine Alternative, es kann aber durch sorgfältige Beurteilung der Eigenschaften der vorhandenen Düsennadel und somit durch zielgenaue Auswahl der neuen Düsennadel auf ein Mindestmaß reduziert und viel Zeit und Geld gespart werden.

Es hat keinen Sinn, wahllos verschiedene Düsennadeln auszuprobieren, in der Hoffnung, dass eine davon passen könnte. An SU-Vergasern muss bei der Einstellung über das Düsennadelprofil unbedingt logisch konsequent vorgegangen werden. Man hat in der Vergangenheit oft zu der einfachen Methode des Abschleifens der vorhandenen Düsennadel gegriffen, wenn es darum ging, eine Düsennadel für eine Anfettung des Gemischs zu erhalten.

Grundsätzlich ist gegen das Polieren von Düsennadeln, um diese für die betreffende Anwendung zu optimieren, nichts einzuwenden. Das Endergebnis muss jedoch absolut exakt sein.

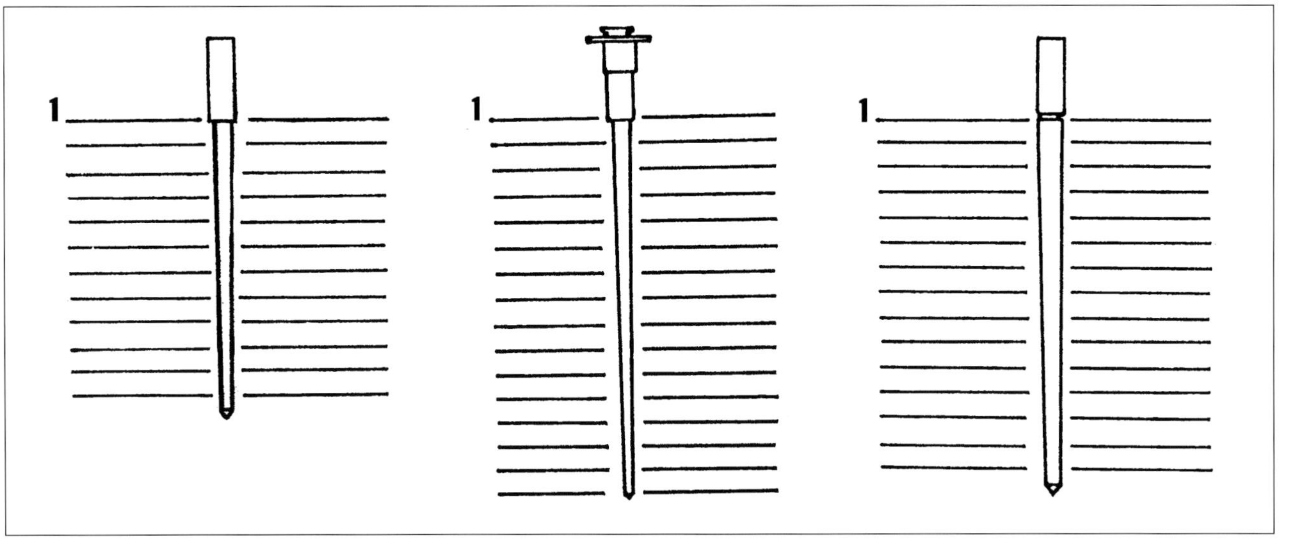

Der erste Messpunkt befindet sich an allen SU-Düsennadeln an der mit „1" gekennzeichneten Stelle.

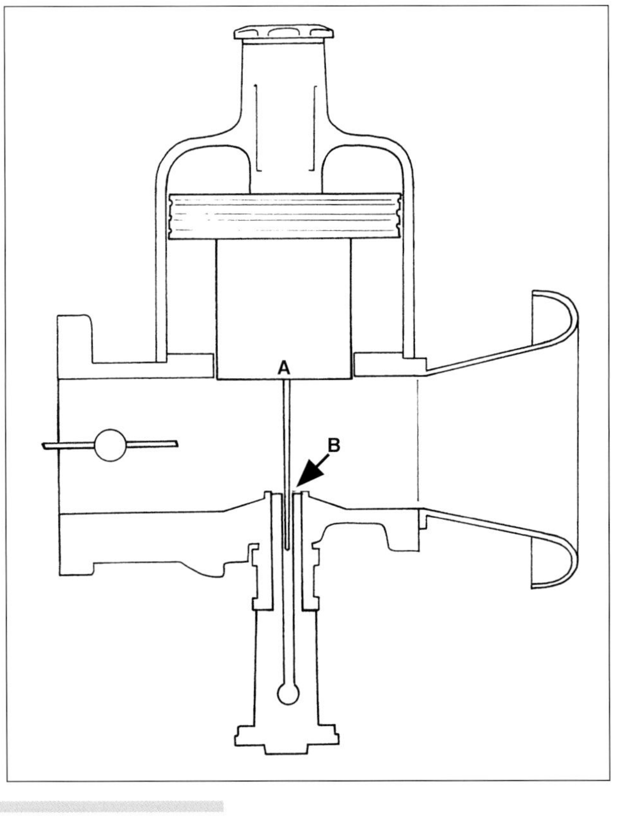

Der Kolben „A" befindet sich auf dem vollen Hub, die Spitze der Düsennadel liegt jedoch weit unterhalb des Brückenabschnitts im Venturirohr des Vergasers. Der „aktive" Bereich der Nadel reicht von der Unterseite des Saugkolbens bis an die Oberkante der Hauptdüse „B", die immer unterhalb des Brückenabschnitts liegt.

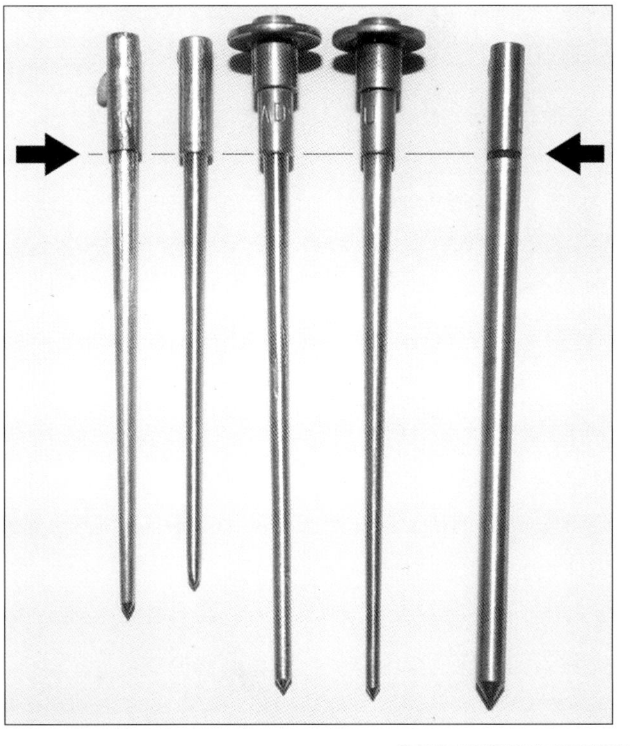

Die ersten Messpunkte an fünf verschiedenen SU-Düsennadeln (siehe Pfeil).

Man muss sich ebenfalls darüber im Klaren sein, dass eine Reproduktion der so gefertigten Düsennadel nur selten möglich sein wird, es handelt sich dann um ein Unikat. Hat man einmal mehrere Düsennadeln zur Auswahl, so kann durch stufenweises Polieren und Testen eine Annäherung an das ideale Nadelprofil unternommen werden. Es ist ohne Weiteres möglich, dass ein Vergaser, dessen Vorgeschichte nicht genau bekannt ist, mit einer derartigen, von Hand nach-

In dieser Draufsicht auf den Einlasskanal des Vergasers befindet sich der Saugkolben in der vollständig nach oben ausgelenkten Stellung. In diesem Bild wurde wohlbemerkt die Düsennadel weggelassen.

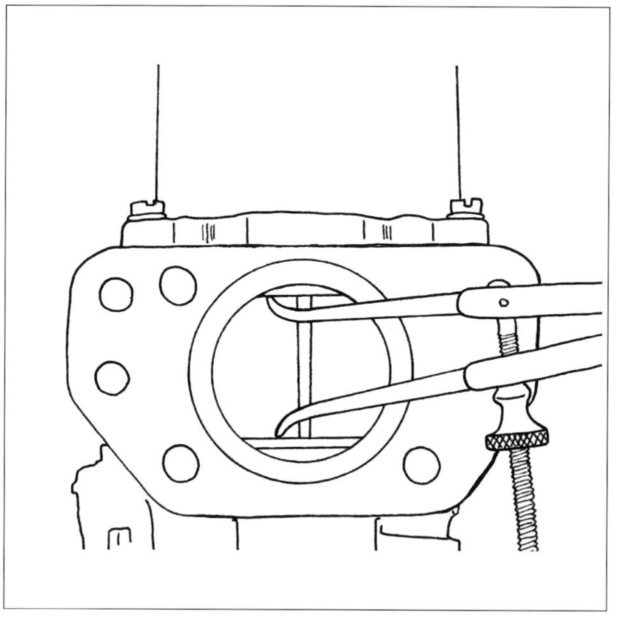

Abstand vom Brückenabschnitt des Vergasers zur Unterseite des Saugkolbens, bei vollständig nach oben ausgelenktem Saugkolben. Die Messung des Abstandes erfolgt mit einem Innentaster, dessen Spreizung dann mit einem Messschieber gemessen wird.

geschliffenen Nadel ausgestattet ist. Aus diesem Grunde ist es angeraten, den betreffenden Vergaser vor Beginn der Einstellarbeiten mit einer ab Werk gelieferten, neuen Nadel auszustatten, die laut Tabellenbuch in diesem Vergaser eingebaut wird. Bei der Auswahl von Düsennadeln aus dem Tabellenbuch ist zu beachten, dass die Firma SU nicht in der Lage ist, alle erdenklichen Anwendungsbereiche für SU-Vergaser voraus zu sehen und dementsprechende Nadelprofile bereit zu halten. Es wird Fälle geben, in denen für extrem frisierte Motoren keine vom Profil her passende Düsennadel zu finden ist. In so einem Fall muss dann das erforderliche Profil der Düsennadel durch Polieren angefertigt werden. Die Länge der

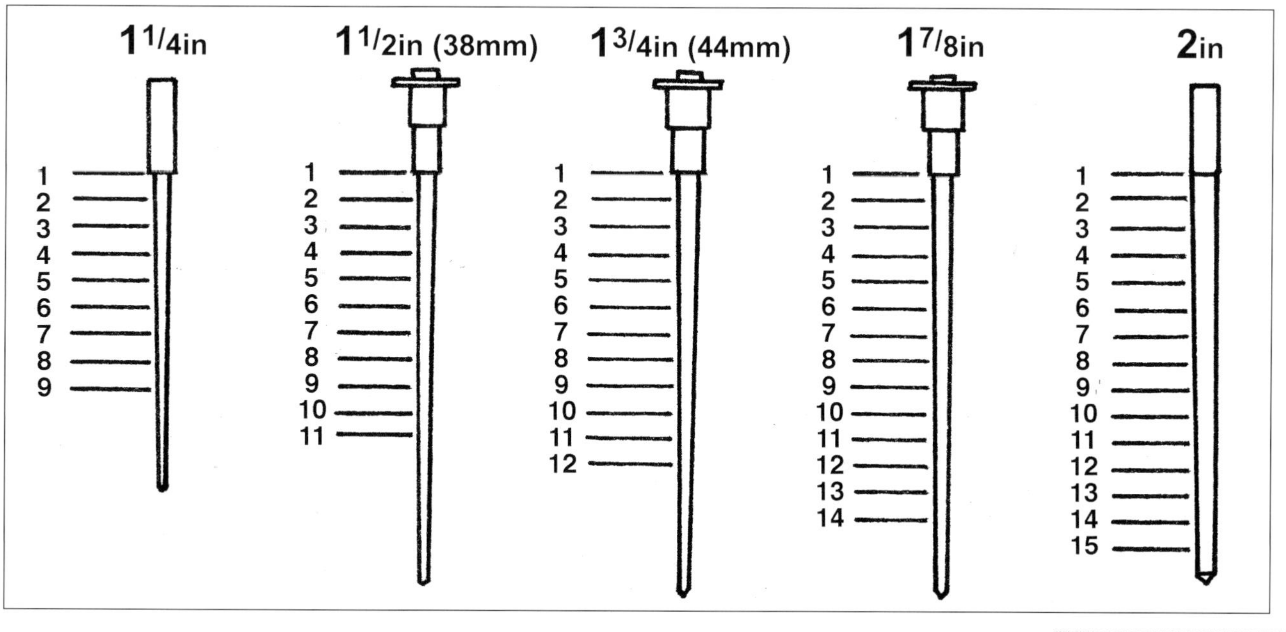

Der wirksame Bereich der Düsennadel vom Absatz an entspricht dem Abstand vom Brückenabschnitt des Vergasers bis zur Unterseite des Saugkolbens (wenn sich der Kolben in der vollständig ausgelenkten Stellung befindet), zzgl. des Abstands, um den die Oberseite der Hauptdüse unterhalb des Brückenabschnitts liegt.

Düsennadeln ist unterschiedlich und hängt einmal vom Nenndurchmesser ab, zum Anderen aber vom Profil. Eine Düsennadel ist immer länger als der wirksame Bereich, d.h. der Abschnitt der Nadel, der durch die Hubbewegung des Saugkolbens entlang des Düsenquerschnittes bewegt werden kann. Eine 90er Nadel ist vom Absatz bis zur Spitze zwischen 39,3 mm und 46,9 mm lang. 100er Nadeln sind ca. 48,5 mm lang und 125er Nadeln sind ca. 49,4 mm lang. Die Gesamtlänge einer Düsennadel ist von keiner ausschlaggebenden Bedeutung, wichtig ist jedoch der wirksame Bereich entlang der Düsennadel in dem vorliegenden Vergaser.

Die Bauarten der Düsennadeln sind für jeden Vergaser unterschiedlich. Jeder Vergaserbaureihe sind Düsennadeln einer bestimmten Länge zugeordnet. Nur ein begrenzter Abschnitt der Düsennadel wird tatsächlich zur Bemessung des zugeteilten Kraftstoffs verwendet. Dieser Abschnitt beginnt an einer Stelle nahe des Absatzes, die im Leerlauf im Düsenquerschnitt liegt und endet an einem Punkt nahe der Spitze der Düsennadel, der bei Vollgasstellung im Düsenquerschnitt liegt. Die Länge des wirksamen Bereichs der Düsennadel kann bestimmt werden, indem man bei Vollgasstellung im Venturirohr des Vergasers den Abstand von der Unterseite des Saugkolbens bis zur Oberseite des Brückenabschnitts misst. Diese Messung wird mit einem Innentaster vorgenommen, dessen Spreizung dann mit einem Messschieber ermittelt wird. Man sollte diese Messung an jedem Vergaser durchführen, mit dem man es zu tun hat, um so sicher zu stellen, dass der tatsächlich wirksame Bereich der Düsennadel mit dem entsprechenden Abstandsmaß innerhalb des Venturirohrs übereinstimmt. Ebenfalls sollte man bei Mehrfachvergaseranlagen alle Vergaser überprüfen, um so sicher zu gehen, dass sie auch wirklich identisch sind. Hierbei ist zu beachten, dass einige de facto zu große Vergaser an bestimmten, leistungsgesteigerten Serienmotoren ab Werk installiert wurden, indem man den Hubweg des Saugkolbens künstlich begrenzte. So erhielt man einen ungeachtet des Einlasskanaldurchmessers tatsächlich kleineren Vergaser, als der Nenndurchmesser des Einlasskanals vermuten lässt. Die in der Folge angegebenen Anstandsmaße zwischen Saugkolben und Brückenabschnitt gelten nur für Vergaser ohne diese künstliche Begrenzung des Hubwegs. Baut man an einer Zweifachvergaseranlage einen Vergaser mit Begrenzung und einen Vergaser ohne Begrenzung ein, so wird der Motor im oberen Drehzahlbereich nicht richtig laufen. Die von dem begrenzten Vergaser mit Gemisch versorgten Zylinder werden dann mit zu wenig Luft-Kraftstoff-Gemisch versorgt. Bei einer Mehrfachvergaseranlage sind also immer alle Vergaser daraufhin zu überprüfen, dass ihre Saugkolben den vollen Hubweg ausführen.

Abstandsmaß Saugkolben an Brückenabschnitt (bei vollständiger Kolbenauslenkung):

SU-Vergaser Größe $1\,^1/_4$ Zoll	23,1 mm
SU-Vergaser Größe $1\,^1/_2$ Zoll &	38 mm
Typ HIF	28,5 mm
SU-Vergaser Größe $1\,^3/_4$ Zoll &	44 mm
Typ HIF	33,0 mm
Später gefertigte SU-Vergaser	$1\,^7/_8$ Zoll
der Größe	38,6 mm
SU-Vergaser Größe 2 Zoll	43,5 mm

Der SU-Vergaser vom Typ HIF, Größe $1\,^3/_4$ Zoll hat zum Beispiel eine Düsennadel von 48,2 mm Länge, gemessen vom ersten Messpunkt des Absatzes bis zur Spitze. Der wirksame Bereich dieser Düsennadel beträgt in diesem Vergaser jedoch nur ca. 34,0 mm. Pauschal ist nur eine ungefähre Längenangabe möglich, da die Hauptdüse zum Einstellen der Leerlaufdrehzahl von Fall zu Fall eine unterschiedliche Anzahl an Umdrehungen in ihr Gewinde im Brückenabschnitt hinein gedreht sein kann. Nur der Durchmesser des tatsächlich in der Düse befindlichen Nadelabschnitts (Länge der Düse ca. 13,2 – 14,2 mm) begrenzt die Menge des aus der Düse austretenden Kraftstoffs. Der über die Düse hinaus ragende Teil der Düsennadel dient lediglich der Zentrierung der Nadel. Der wirksame Bereich variiert also in jedem Vergaser je nach Einstellung der Düse für einen stabilen Leerlauf. Da die Düse somit auch unterhalb des Brückenabschnitts liegen kann, liegt der wirksame Bereich der Düsennadel im Vergaserbetrieb effektiv entlang des Abstands von der Oberseite der Düse bis zur Unterseite des Saugkolbens. Man beachte hierbei, dass die Düse um bis zu 2 mm unter die Oberfläche des Brückenabschnitts hinein gedreht werden kann. In jedem Fall aber wird die Düse um ein bestimmtes Maß unterhalb der Oberfläche des Brückenabschnitts liegen. Dieses Maß hängt vom Profil der Düsennadel und der Düsengröße ab, welche zusammen die Menge des zugeteilten Kraftstoffs regeln. Das tatsächliche Abstandsmaß von Düsenoberseite an Unterseite des Saugkolbens, welches identisch mit dem effektiv wirksamen Bereich entlang der Düsennadel ist, ergibt sich also in letztendlicher Konsequenz aus dem Kraftstoffbedarf des Motors im Leerlauf, der vorgibt, wie weit die Düse hinein geschraubt werden muss, um den Leerlauf stabil zu halten.

Bei der Bestimmung des wirksamen Bereichs einer Düsennadel anhand des vorhandenen Vergasers sollte man also immer von folgendem Maß ausgehen:

Wirksamer Bereich = Abstandsmaß Brückenabschnitt an Saugkolben + 2 mm

Die Maßangaben im SU-Tabellenbuch für Düsennadeln reichen zwar bis an die Spitze der Nadel, der Abschnitt unterhalb des wirksamen Bereichs hat für die Kraftstoffzuteilung jedoch nur eine untergeordnete Bedeutung. Man bezeichnet diesen Bereich als den Übergangsbereich. Am Beispiel eines SU-Vergasers der Größe 1 3/4 Zoll wird dies an den Messpunkten erkennbar. Messpunkt 1, d.h. Absatz der Düsennadel bis Messpunkt 12, erfasst den wirksamen Bereich bis 2 mm unterhalb der Oberkante des Brückenabschnitts, die Messpunkte 12 bis 16, d.h. bis zur Spitze der Nadel, begrenzen den Übergangsbereich. Bei der Auswahl bzw. Änderung von Düsennadeln ist also der wirksame Bereich von Messpunkt 1 bis 12 entscheidend. Da der Messpunkt 12 um 2 mm unterhalb der Oberkante des Brückenabschnitts liegt, sind jegliche durch die individuelle Einstellung der Düse verursachten Schwankungen in der Länge des wirksamen Be-

So sieht eine Düsennadel im eingebauten Zustand am Saugkolben aus, unabhängig von der Bauart der Düsennadel und vom Vergasertyp.

reichs bereits kompensiert. Die Einbaulage der Düsennadel ist im Wesentlichen immer identisch. Der Absatz der Düsennadel muss mit der Unterseite des Saugkolbens eben liegen. Erwirkt man einen Einbau der Düsennadel, so dass sie tiefer in den Saugkolben hinein gesetzt wird, im Vergaser also höher steht, so ist eine leichte Anreicherung des Gemischs die Folge. In einigen Fällen lässt sich die Motorleistung so leicht verbessern. Diese Methode funktioniert jedoch nur bei der Bauart der „fixierten" Düsennadel. Je nach Vergasertyp liegt der wirksame Bereich der Düsennadel entlang der Messpunkte, wie sie in der beigefügten Tabelle angegeben sind. Die durch im Einzelfall unterschiedliche Einstellung der Düse verursachten Schwankungen in der Länge des wirksame Bereichs sind dabei bereits mit eingerechnet.

Wirksamer Bereich der Düsennadel in SU-Vergasern unterschiedlicher Größe:

1 1/4-Zoll SU-Vergaser	Messpunkt 1 bis 9
1 1/2-Zoll SU-Vergaser	Messpunkt 1 bis 11
1 3/4-Zoll SU-Vergaser	Messpunkt 1 bis 12
1 7/8-Zoll SU-Vergaser	Messpunkt 1 bis 14
2-Zoll SU-Vergaser	Messpunkt 1 bis 15*

**Beim Vergaser der Größe 2 Zoll muss unter Umständen bis zum Messpunkt 16 gemessen werden, wenn die Hauptdüse volle 2 mm unterhalb des Brückenabschnitts hinein geschraubt ist, da in diesem Fall der Messpunkt 15 um 1 mm oder mehr oberhalb der Düse liegen kann.*

Bei der Auswahl einer Düsennadel für einen leistungsgesteigerten Motor ist zu beachten, dass der Durchmesser der Düsennadel am Messpunkt 1 um 0,001 Zoll kleiner sein sollte als der Nenndurchmesser der Hauptdüse. So wird die Anzahl der möglicherweise verwendbaren Düsennadeln schon einmal stark eingeschränkt. Diese Grundregel gilt im Prinzip für alle Düsennadeln an allen SU-Vergasern. Liegt der Durchmesser der Nadel über diesem Maß oder ist er gar identisch mit dem der Düse, so führt dies zu einer allgemeinen Abmagerung des Gemischs. Diese Abmagerung ist in bestimmten Einsatzbereichen gewollt, derartige Düsennadeln eignen sich jedoch nicht für leistungsgesteigerte Motoren. Es existiert eine Vielzahl an Düsennadeln, die am ersten und letzten Messpunkt des wirksamen Bereichs identische Durchmesser aufweisen, die Durchmesser an den jeweiligen Messpunkten entlang dieses wirksamen Bereichs unterscheiden sich jedoch und geben der Nadel so ein jeweils individuelles Profil. Keine Nadel ist mit einer anderen identisch, die Abweichungen zwischen den Durchmessern an den einzelnen Messpunkten sind jedoch sehr gering.

Zusammenfassung

Der wichtige Punkt dieses Kapitels besteht darin, dass jeder SU-Vergaser ein bestimmtes Maß an Hubbewegung des Saugkolbens ausführt und jede Düsennadel ungeachtet ihrer Gesamtlänge nur entlang eines gewissen Abschnitts, d.h. entlang ihres wirksamen Bereichs, die Beimengung von Kraftstoff regelt.

KAPITEL 5

Abändern von Düsennadeln

Obwohl eine große Bandbreite an Düsennadeln verfügbar ist, weist die ab Werk vorgegebene Düsennadel oft gewisse Mängel auf und entspricht nicht dem idealerweise wünschenswerten Profil. Im schlimmsten Fall liegen nahezu alle Durchmesser an den Messpunkten außerhalb der erforderlichen Werte. Aber auch in einem solchen Fall kann durch Polieren der Nadel Abhilfe geschaffen werden, wenn an den betreffenden Messpunkten der Durchmesser der vorhandenen Nadel zu groß ist. Die maßgeschneiderte Anfertigung einer Nadel erfordert eine Methode, bei der ein Polieren der Nadel an einem bestimmten Messpunkt möglich ist. Hierbei darf auf keinen Fall zu viel Material weggenommen werden, bzw. das Polieren darf nicht zu schnell erfolgen. Die Messpunkte aller ab Werk gelieferten Düsennadeln liegen jeweils immer in Abständen von $^1/_8$ Zoll (3,175 mm) vom Absatz der Düsennadel, d.h. vom Messpunkt 1 entfernt.

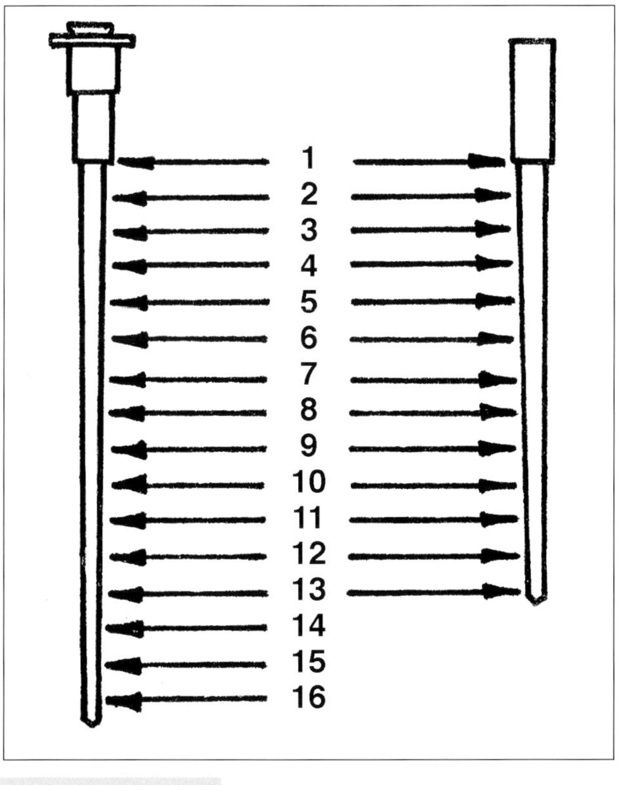

Werksseitig vorgegebene Messpunkte an jeder SU-Düsennadel.

Düsennadel der „fixierten" Bauart, eingespannt in einem Bohrfutter.

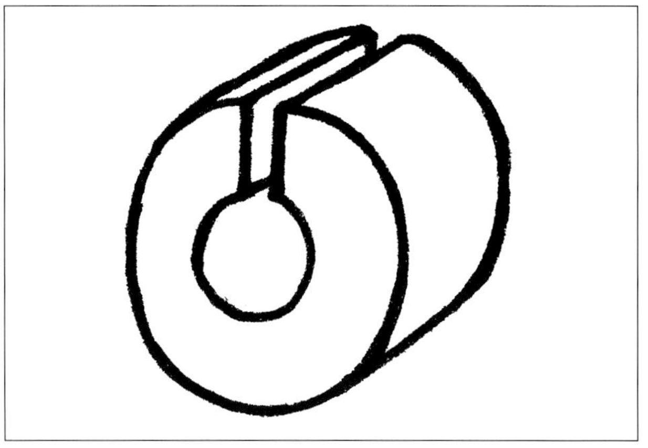

Rundmaterial aus einfachem Baustahl zur Fertigung einer Spannpratze.

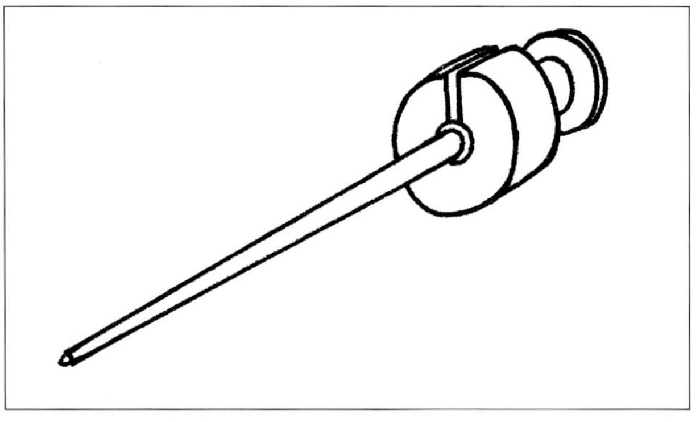

SU-Düsennadel in einer Spannpratze eingespannt.

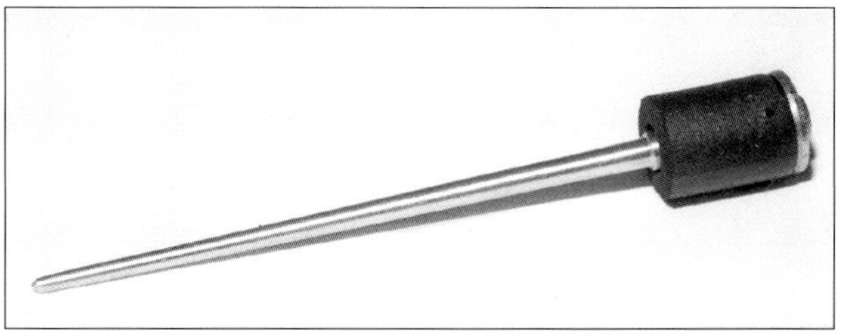

Federbelastete Bauart einer Düsennadel mit einem kurzen Stück Gummischlauch, das über die beiden größeren Durchmesser oberhalb der Messpunkte gestülpt wird. Die Düsennadel wird so beim Einspannen in einem Bohrfutter zentriert.

Federbelastete Bauart einer Düsennadel mit Hilfe eines kurzen Schlauchstücks im Bohrfutter eingespannt.

Methoden zum Festhalten der Düsennadel beim Polieren

Die Drehzahl der Düsennadel beim Abtragen von Material mit Schleifleinen sollte 200 bis 400 U/min nicht überschreiten. Man spannt hierzu die Nadel am besten in einem Bohrfutter einer Ständerbohrmaschine ein. Dieses Verfahren ist bei der „fixierten" Bauart der Düsennadel sehr einfach anzuwenden. Bei der federbelasteten Bauart der Düsennadel treten Probleme auf, wenn es um das Einspannen der Düsennadel im Bohrfutter geht. Man fertigt hierfür am besten eine Spannpratze an, d.h. ein Rundstück wird aufgebohrt und angesägt, wie in der Abbildung dargestellt. Eine derartige Spannpratze lässt sich sowohl für 90er als auch für 100er Nadeln der federbelasteten Bauart verwenden. Die Maße der Spannpratze betragen: Außendurchmesser ca. 8,76 mm (0,345 Zoll), Länge 6,1 mm (0,240 Zoll) bei einem auf 3,175 mm (0,125 Zoll) aufgebohrten und geriebenen Durchmesser.

Mit einer kleinen Bügelsäge wird dann ein Schlitz parallel zur Mittelachse des Rundstücks gesägt. Die Düsennadel wird dann in die Spannpratze eingesetzt und diese wiederum im Bohrfutter eingespannt. Durch das Einklemmen im Bohrfutter wird die Spannpratze zusammen ge-

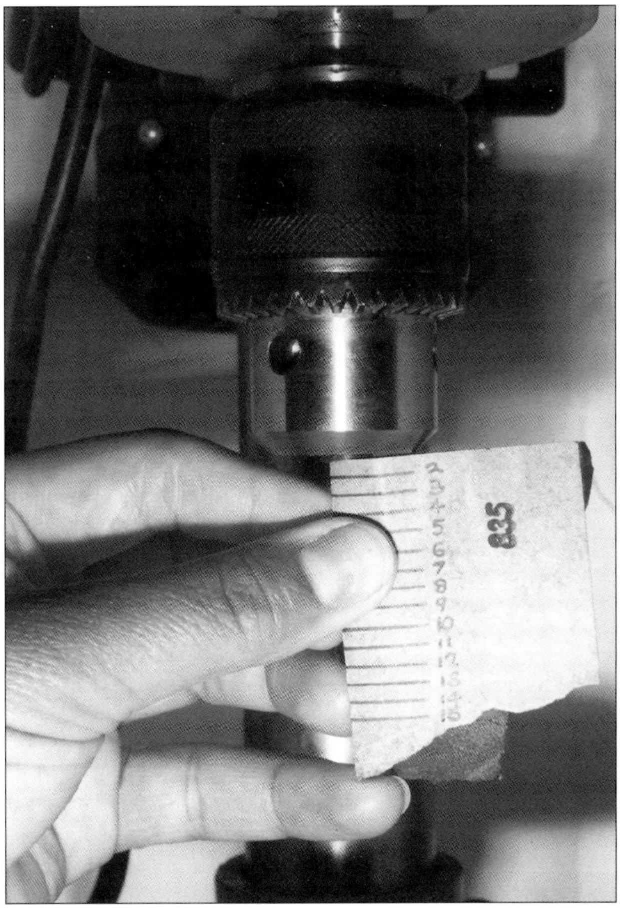

Nur ein leichter Druck ist an jedem Messpunkt erforderlich, um den Durchmesser der Düsennadel zu reduzieren. Hierbei ist zu beachten, dass das Schleifpapier in Relation zu der Nadel nicht nach oben oder unten bewegt wird.

drückt, so dass die Nadel fest gehalten wird. Nur wenn bei der Anfertigung der Spannpratze eine hohe Genauigkeit eingehalten wird, kann die Düsennadel auch wirklich zentriert gehalten werden. Eine weitere Methode zum Festhalten einer federbelasteten Düsennadel besteht in der Verwendung eines kurzen Gummischlauchs, der beim Einspannen im Bohrfutter als Führung dient. Das Stück Gummischlauch muss einen Außendurchmesser von 8,5 mm haben, einen Innendurchmesser von 4 mm aufweisen und 10 mm lang sein. Während das Bohrfutter die dünne Kante des Nadelflansches einfasst, fungiert das darüber angeordnete Gummischlauchstück als Führung zur Zentrierung der Nadel. Nahezu alle Düsennadeln in SU-Vergasern bestehen aus Messing und sind somit relativ weich. Man benötigt nur einen sehr geringen Kraftaufwand, um mit dem Schleifleinen an der sich drehenden Nadel Material abzutragen.

Verkleinern des Durchmessers an einzelnen Messpunkten

WARNUNG! Bei diesem Verfahren geraten Ihre Finger sehr nahe an ein sich drehendes Bohrfutter. Hierbei äußerste Vorsicht walten lassen. Haarnetz tragen, Schmuck an Hals, Händen und Armen ablegen. Im Zweifelsfall diese Arbeit von einem hierfür ausgebildeten Fachmann ausführen lassen.

Zum Abtragen von Material an der Düsennadel ist Nassschleifpapier oder Schleifleinen der Körnung 180 bis 220 zu verwenden. Das abschließende Polieren erfolgt mit Nassschleifpapier oder Schleifleinen der Körnung 600. Damit das Abtragen von Material exakt an dem erforderlichen Messpunkt entlang der Düsennadel erfolgt, werden die Messpunkte auf dem Schleifpapier von der Oberkante abwärts aufgezeichnet. Die Oberkante des Schleifpapiers liegt dabei am Absatz, d.h. am Messpunkt 1 an. Die Messpunkte werden dann in Abständen von $^1/_8$ Zoll auf der nicht mit Körnung bestreuten Rückseite des Schleifpapiers aufgezeichnet. Am besten, man beschafft sich hierfür ein Lineal mit Zollteilung, da ein Umrechnen in das metrische

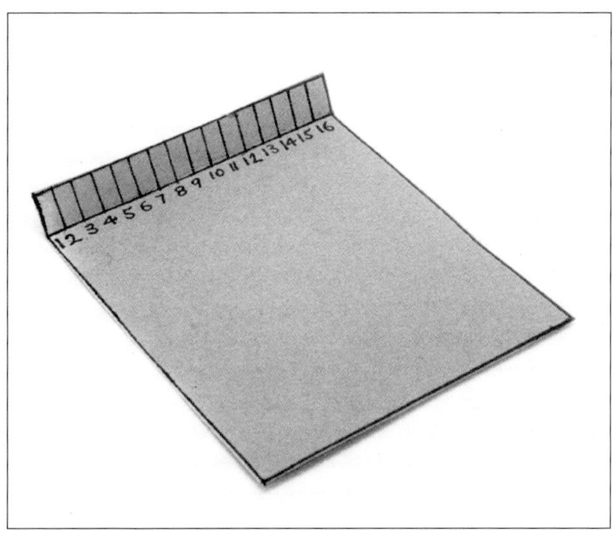

Messschablone zum Messen des Durchmessers an den einzelnen Messpunkten einer Düsennadel.

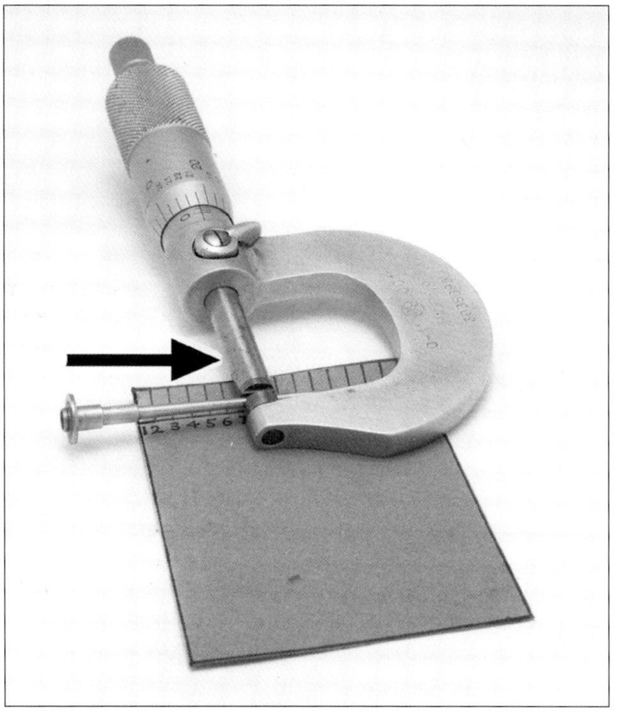

Beim Messen einer Düsennadel am Messpunkt wird die Bügelmessschraube wie in der Abbildung dargestellt angesetzt. Da die Feder nach unten hin verjüngt ist, erfolgt die Messung immer an der oberen Kante des Ambosses der Bügelmessschraube.

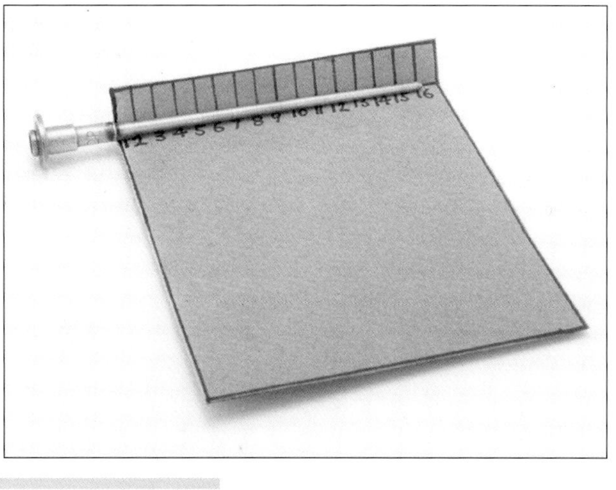

Die Düsennadel wird zur Bestimmung der Messpunkte an der Schablone angelegt.

System zu Ungenauigkeiten bei der Markierung führen würde. Jeder Messpunkt wird durch einen Strich markiert und nummeriert. Das Stück Schleifpapier bzw. Schleifleinen sollte nicht breiter sein als die Länge des wirksamen Bereichs der Nadel. So behält man die Nadelspitze im Auge.

Das mit den Messpunkten auf der Rückseite

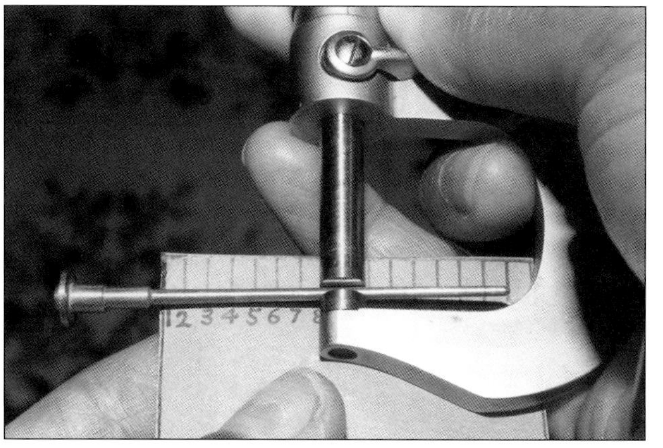

Hier wird die Düsennadel mit einer Bügelmessschraube am Messpunkt 8 angesetzt. Wie auf dem Schleifpapier auch, werden die Markierungen der Messpunkte in Abständen von $^1/_8$ Zoll angebracht. Man hält die Bügelmessschraube in einer Hand und die Düsennadel in der anderen. Die Düsennadel wird dann leicht im Amboss der Bügelmessschraube festgehalten und mit dem Absatz an Messpunkt 1 der Schablone gehalten, d.h. an die obere Kante. Dieses Messverfahren erfordert etwas Übung, das Messen ist dann aber eine Angelegenheit von wenigen Sekunden.

markierte Schleifpapier bzw. der Schleifleinen wird dann um die Düsennadel gefaltet. Die Oberkante des Schleifpapiers wird an den Absatz gehalten, d.h. in Übereinstimmung mit Messpunkt 1 gebracht. Die Skala muss frei einsehbar sein, so dass mit dem Finger (Daumen und Zeigefinger) genau an dem erforderlichen Messpunkt leichter Druck ausgeübt werden kann. Dreht sich die Düsennadel mit ca. 200 bis 400 U/min so wird ein fünf Sekunden dauernder Druck mit den Fingern auf das Schleifpapier ca. 0,025 mm vom Durchmesser an dem betreffenden Messpunkt abtragen. Das gilt jedoch nur, wenn frisches Schleifpapier verwendet wird, das nicht bereits mit Abrieb zugesetzt ist. So empfiehlt es sich also, von vorne herein mehrere identische Schleifpapierstreifen anzufertigen und mit Markierungen zu versehen. Um die Genauigkeit sicher zu stellen, sollte man diese Methode an einer nicht mehr benötigten Ersatznadel ausprobieren. Man erlangt so etwas Übung und erhält durch wiederholtes Nachmessen Gewissheit darüber, wie viel Material tatsächlich bei dieser Methode in einem Zeitraum von z.B. 5 Sekunden abgetragen wird.

Der Durchmesser der Düsennadel wird an den unterschiedlichen Messpunkten am besten mit einer Bügelmessschraube gemessen. Ein Uhrenmessschieber ist nur dann zu verwenden, wenn dieser eine hohe Genauigkeit und eine hohe Qualität aufweist. Welches Messinstrument auch immer verwendet wird, es muss zuverlässig bis auf Hundertstel Millimeter messen. Zur genauen Festlegung der Messpunkte wird eine aus dünnem Karton angefertigte Schablone verwendet, auf der die Messpunkte als Skala markiert sind. Hierbei ist wieder die Oberkante des Kartons eben mit dem Messpunkt 1, d.h. der Karton wird am Absatz der Düsennadel angelegt. Die Messpunkte befinden sich ebenso wie auf dem Schleifpapier immer in Abständen von 1/8 Zoll und auch hier gilt, dass man zur größtmöglichen Genauigkeit ein Lineal mit Zollteilung verwenden sollte.

Die oben dargelegten Methoden zum Abschleifen und Polieren der Nadel sowie zum Messen und Korrigieren des Durchmessers der Nadel an den diversen Messpunkten mögen auf den ersten Blick etwas „hemdsärmelig" erscheinen, erzeugen aber eine erstaunliche Genauigkeit in der Bearbeitung der Düsennadel auf Hundertstel Millimeter oder darüber. Die Übung ist bei diesen Verfahren jedoch entscheidend und Sorgfalt in der Ausführung ist oberstes Gebot. Sogar die Herstellung mehrerer Düsennadeln mit einer Genauigkeit bis auf Hundertstel Millimeter ist so möglich. Diese Vorgehensweise zur Bearbeitung von Düsennadeln in SU-Vergasern erfordert viel Zeit und Geduld, zahlt sich aber durch einen exakt und perfekt eingestellten Vergaser wieder aus. Man beachte, dass diese Einstellung nur einmal erfolgen muss, sofern am Motor selbst zwischenzeitlich keine Änderungen vorgenommen werden müssen bzw. eingetreten sind. Ein leichtes Nachpolieren der Düsennadel mit 600er Schleifpapier nimmt nur sehr wenig Material weg, erzeugt aber eine glatte und glänzende Oberfläche der Düsennadel, die vom Original kaum zu unterscheiden ist. Da die von SU gelieferten Nadeln ab Werk exakt rund sind, wird durch das oben angegebene Verfahren Material nur so abgetragen, dass die Nadel danach auch weiterhin rund bleibt. Abweichungen und Fehler bleiben geringfügig und gleichen sich nach mehrmaligem Ansetzen des Schleifpapiers wieder aus.

Zusammenfassung

Das Anfertigen von Düsennadeln für SU-Vergaser mit geändertem Profil erfordert ein gewisses Maß an Geschicklichkeit und Geduld und hier gilt „Übung macht den Meister". Man darf beim Abtragen von Material mit dem Schleifpapier bzw. Schleifleinen nicht zu hastig vorgehen, da der erwünschte kleinere Durchmesser am betreffenden Messpunkt schnell erreicht ist. Die dargelegte Methode verhindert ein Ruinieren der Nadel und führt zu verlässlichen Ergebnissen.

KAPITEL 6

Auswahl von Düsennadeln

Hinweis: Vor dem Bestellen von Düsennadeln, wie nachstehend in diesem Kapitel aufgeführt, ist auf die Einzelheiten bezüglich möglicher Änderungen von Düsennadeln zurück zu greifen, wie sie für Motorsportanwendungen in Kapitel 8 beschrieben werden.

In den meisten Fällen werden leistungsgesteigerte SU-Vergaser an Motoren eingebaut, die ab Werk bereits mit SU-Vergasern ausgestattet waren oder deren Zylinderkopf mit einem derartig ausgestatteten Motor übereinstimmt. Das liegt einfach daran, dass für diese Motoren geeignete Ansaugkrümmer verfügbar sind. Da man den Motor einem bestimmten SU-Vergasermodell zuordnen kann, stellen die in diesem Vergaser ab Werk verwendeten Düsennadeln den Anfangspunkt des Einstellvorgangs dar, d.h. mit dieser Düsennadel wird begonnen, wenn es um das Experimentieren nach Versuch und Irrtum geht, um so die Mängel der vorhandenen Nadel einzugrenzen und die wünschenswerten Eigenschaften der idealen Düsennadel festzulegen. Zur Bestimmung der ursprünglich im Vergaser verwendeten Düsennadel ist wiederum auf das SU-Tabellenbuch zurück zu greifen.

Prinzipiell besteht natürlich kein Grund, SU-Vergaser nicht auch an anderen Viertaktmotoren zu verwenden, die ab Werk nicht mit dieser Gemischbildungsanlage ausgestattet waren. In einem solchen Fall zieht man das SU-Tabellenbuch für Düsennadeln zu Rate und ermittelt diejenigen Motoren, welche im Hubraum und in der Anzahl der verwendeten SU-Vergaser mit dem vorhandenen Motor übereinstimmen und ab Werk mit SU-Vergasern ausgerüstet waren. Hat man z.B. selbst einen Motor mit 1800 cm^3 Hubraum, so entnimmt man dem Tabellenbuch die Daten für Düsennadeln und deren Druckfedern für alle Motoren zwischen z.B. 1700 und 1900 cm^3 Hubraum. Aus dieser engeren Auswahl an Düsennadeln sucht man jene aus, die zwischen dem 2. und dem 5. bis 6. Messpunkt den kleinsten Durchmesser haben, d.h. die stärkste Anreicherung des Gemischs im unteren und mittleren Drehzahlbereich bewirken. Die so ermittelten Düsennadeln werden nicht unbedingt ideal sein, ermöglichen aber einen Beginn der Einstellarbeiten, weil so sicher gestellt ist, dass der Motor überhaupt erst einmal halbwegs rund läuft. Wie dem Leser klar sein wird, kann man an einem Vergaser keine Einstellarbeiten vornehmen, wenn der Motor nicht von selbst läuft und Betriebstemperatur erreichen kann. In den meisten Fällen liegen die so ausgewählten Düsennadeln sehr nahe an dem Idealprofil, das für die korrekte Gemischzusammensetzung des betreffenden Motors erforderlich ist.

Man sollte bei der näherungsweisen Ermittlung des Idealprofils als Anfangspunkt Nadeln auswählen, die zwischen Messpunkt 2 bis 5 bzw. 6 eine leichte Anreicherung des Gemischs bewirken, weil dies für einen leistungsgesteigerten Motor, der im unteren und mittleren Drehzahlbereich eine gute Gasannahme aufweisen muss, wichtig ist. Ein weiterer Grund liegt darin, dass im Falle einer erforderlichen Änderung d.h. Verkleinerung des Durchmessers oberhalb des Messpunkts 5 oder 6, die bei einer Abmagerung des Gemischs in höheren Drehzahlen erforderlich wird, der Bereich vom Messpunkt 5 oder 6 bis zur Spitze hin wesentlich leichter bearbeitet wer-

	ABJ	ADS	ABN	ABP	AAY
1	·089"	·089"	·089"	·089"	·089"
2	·085"	·085"	·0855"	·0855"	·0855"
3	·083"	·0838"	·0832"	·0831"	·083"
4	·080"	·0811"	·0805"	·0808"	·0807"
5	·0765"	·0768"	·0777"	·0787"	·0782"
6	·0725"	·0739"	·0754"	·0766"	·0758"
7	·0715"	·0709"	·0732"	·0743"	·0744"
8	·0686"	·0691"	·0712"	·0722"	·0732"
9	·0658"	·0682"	·0692"	·070"	·0723"
10	·0647"	·0662"	·0672"	·0685"	·0717"
11	·0636"	·065"	·0652"	·0672"	·0712"
12	·0625"	·064"	·0632"	·0659"	·0707"
13	·0614"	·0627"	·0612"	·0646"	·070"
14	·0605"	·0616"	·0592"	·0633"	·069"
15	·0595"	·0603"	·0572"	·062"	·068"
16	·0584"	·059"	·0552"	·0607"	·067"

Die Tabelle zeigt fünf Düsennadeln als Beispiel aus dem SU-Tabellenbuch für Düsennadeln („SU Reference Catalogue"), gültig für einen einzelnen SU-Vergaser der Größe 1 1/2 Zoll, der an einem Motor mit 1100 cm³ Hubraum verwendet wird. Man betrachtet dabei nur die Messpunkte der Düsennadel, die für diese Vergasergröße relevant sind – in diesem Fall die Messpunkte 1 bis 11. Die Düsennadel ABJ weist in diesem Beispiel den kleinsten Durchmesser zwischen den Messpunkten 2 und 6 auf und wird daher wahrscheinlich die geeignetste Düsennadel für diesen Motor sein.

den kann als der Bereich zwischen Messpunkt 1 und 6. Stellt man fest, dass das Gemisch bei einer der ausgewählten Nadeln zu stark angereichert ist, so steht damit die Richtung fest, in der man nach einer geeigneteren Nadel sucht, nämlich nach einer Nadel mit größerem Durchmesser an den betreffenden Messpunkten als jene, die man eben getestet hat. Neben der Düsennadel selbst muss auch die Dämpferfeder des Saugkolbens ausgewählt werden und sein Hubweg kontrolliert werden. Man erreicht dies durch Verwendung von normalem Motoröl im Dämpfer des Saugkolbens. Zu Beginn der Einstellarbeiten sollte man eine straffere Feder des Dämpfungskolbens verwenden. Wenn beim Probelauf ein Beschleunigungsloch zu beobachten ist, kann man daraus schließen, dass die Dämpferfedern zu schwach sind und den Saugkolben zu schnell ansteigen lassen. Um dieses Beschleunigungsloch bei den Einstellarbeiten zu vermeiden, beginnt man mit den strafferen Federn von 8 Gramm oder mehr Druck. Der Motor beschleunigt dann unter Umständen nicht so spritzig, wie erwünscht, das Vermeiden von Beschleunigungslöchern vom Leerlauf bis in hohe Drehzahlen ist jedoch für die Einstellarbeiten, d.h. das Ermitteln der richtigen Düsennadel von größerer Wichtigkeit. Steht das ideale Düsennadelprofil einmal fest, kann die Gasannahme des Motors durch Modifizieren des Dämpfungsmechanismus und Verwendung einer leichteren Feder verbessert werden.

Es ist zu beachten, dass der Widerstand, den die Kolbenfeder dem sich hebenden Saugkolben entgegen setzt, verstellbar ist. Je stärker die Feder, um so niedriger wird der Kolben bei geringen Motordrehzahlen stehen. Eine leichtere Feder führt zum gegenteiligen Ergebnis. Diese Einstellmöglichkeit ist für die Wirtschaftlichkeit des Motors von nicht zu vernachlässigender Wichtigkeit, die Einflussnahme, die über ein Verstellen der Druckfeder möglich ist, bleibt jedoch begrenzt. Wird die Kolbenfeder zu straff gewählt bzw. zu straff eingestellt, so wird dies die Motorleistung und das Beschleunigungsvermögen des Motors beeinträchtigen, was das Streben nach Wirtschaftlichkeit durch die Wahl einer strafferen Federeinstellung dann ad absurdum führt. Als Grundregel kann angenommen werden, dass der Einbau einer leichteren Kolbenfeder von 2,5 oder 4 Gramm Druckkraft und einer geeigneten Düsennadel bzw. geeigneten Düsennadeln eine gute Motorleistung erzeugen werden. Das Öl in der Dämpferbaugruppe des Saugkolbens ist insbesondere bei niedrigen Drehzahlen ausschlaggebend für das Beschleunigungsvermögen des Motors. Ohne das Öl bzw. bei Verwendung zu leichten Öls wird der Saugkolben zu schnell nach oben bewegt und bewirkt so eine kurzzeitige Abmagerung des Gemischs bei Lastwechsel, was zu stotternder Gasannahme des Motors führt. Bei hohen Drehzahlen ist der Dämpfungsmechanismus de facto nicht erforderlich.

Das Zusammenwirken der Druckfeder und des Kolbendämpfers im Ölbad funktioniert an Motoren für den Alltagseinsatz sehr gut. Entfällt die Öldämpfung, so läuft der Motor im Leerlauf und Teillastbereich eher schlecht. Bei Wegfall der Druckfeder ist es möglich, dass ein Serienmotor nur sehr unrund läuft, stottert oder überhaupt nicht läuft. Jede Änderung, die an einer Düsennadel zwischen den einzelnen Testläufen vorgenommen wird, muss genau aufgezeichnet werden. Zur erfolgreichen Vergasereinstellung muss man systematisch vorgehen, um aus jeder Änderung und den beim Einsatz der betreffenden Nadel beobachteten Eigenschaften oder Mängeln die richtigen Schlüsse ziehen zu können, damit am Ende das Idealprofil der Düsennadel zuverlässig ermittelt werden kann. Stellt man im Zuge der Einstellarbeiten fest, dass eine Düsennadel ein zu fettes Gemisch erzeugt, so gibt es keine Alternative, als diese gegen eine Düsennadel mit größerem Durchmesser auszutauschen.

KAPITEL 7

Reihenfolge der Arbeitsgänge zur Vergasereinstellung

Ungeachtet dessen, ob es sich bei dem vorhandenen Motor um einen Serienmotor oder ein leistungsgesteigertes Antriebsaggregat handelt, muss in beiden Fällen eine korrekte Einstellung vorgenommen werden. Deshalb treffen die Angaben in diesem Kapitel auf alle Motoren zu. Die Reihenfolge der Arbeitsgänge zur Einstellung eines Vergasers ist logisch aufgebaut. Jeder Versuch einer Vergasereinstellung wird jedoch erfolglos bleiben, wenn der Vergaser jedwede mechanische Mängel aufweist. Dies schließt Undichtigkeiten mit ein. Ebenfalls muss der Motor auch mit dem schlecht eingestellten Vergaser auf Betriebstemperatur gebracht werden können, darf aber im Standgas auch nicht überhitzen. Zuerst prüft man ungeachtet des Vergasertyps den Zustand des Schwimmernadelventils und des Schwimmers. Ebenfalls ist der Zustand der Ausfnahme bzw. Sitzfläche des Schwimmernadelventils zu prüfen. Sind diese Bauteile in Ordnung, so ist die Abschalthöhe zu prüfen, also die Stellung des Schwimmers, in der das Schwimmernadelventil kraft des am Schwimmer wirkenden Auftriebs die Kraftstoffzufuhr in die Schwimmerkammer abschaltet. Jegliche Zweifel über die Funktionstüchtigkeit des Schwimmerkammersystems müssen vor Fortfahren mit den Einstellarbeiten ausgeräumt werden. Das Bestellen und fachgerechte Einbauen von Neuteilen kann hierfür die einfachste und zuverlässigste Methode sein. Die für den Vergaser korrekte Abschalthöhe des Schwimmers muss dann neu eingestellt werden. Man sollte eine Abschalthöhe anstreben, die in der Mitte des Toleranzbereichs liegt. Falls erforderlich, muss die Lage des Sitzes in Relation zum Schwimmernadelventil verändert werden. Durch Einsetzen von dünnen Unterlegscheiben aus Aluminium, Presspappe oder Papier (sofern benzinresistent), kann die Position des Schwimmernadelventilsitzes angehoben werden, um so die Abschalthöhe einzustellen. Nähere Angaben zu den Standard-Einstellwerten aller SU-Vergaser sind von der Firma Burlen Fuel Systems erhältlich.

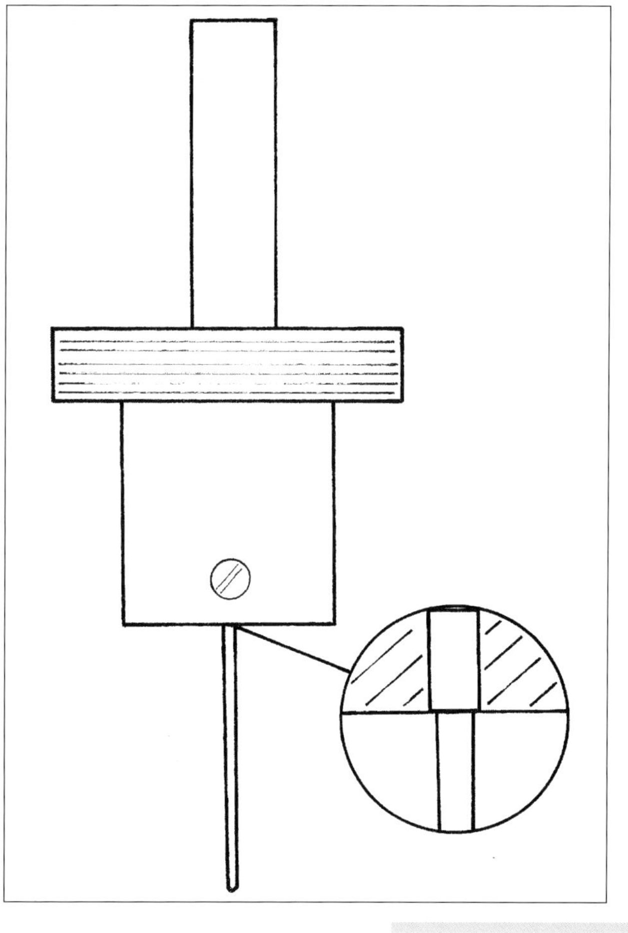

Nadel im Kolben ordnungsgemäß ausgerichtet. Der Absatz (entspricht dem Messpunkt 1) ist bündig mit der Unterseite des Saugkolbens.

WARNUNG! Ein zu hoher Kraftstoffstand in der Schwimmerkammer führt zum Überlaufen der Schwimmerkammer und somit zum Austreten von flüssigem Kraftstoff, d.h. der Kraftstoff tropft oben aus der Hauptdüse heraus.

Die Düsennadel muss im Saugkolben richtig eingesetzt werden, d.h. der Absatz der Düsennadel muss mit der Unterseite des Saugkolbens bündig liegen. Es ist zu beachten, dass kein Vergaser an einem Motor mit mechanischen Problemen richtig eingestellt werden kann. Ebenfalls macht das Einstellen eines Vergasers an einem stark verschlissenen Motor wenig Sinn. Die elektrische Anlage muss ordnungsgemäß funktionieren, es muss ein guter Zündfunke vorliegen und die Zündung muss entsprechend der angestrebten Leistungssteigerung des Motors richtig eingestellt sein. Hierbei ist zu beachten, dass eine Zündung, die auf zu früh eingestellt ist, den Motor im Standgas leicht überhitzen lässt. Bei langwierigen Einstellversuchen am Vergaser kann der Motor so Schaden nehmen.

Anfängliche Grundeinstellungen

Die Hauptdüse bzw. Hauptdüsen des SU-Vergasers sind je nach Größe um das nachstehend angegebene Maß unter die Ebene der Oberfläche des Brückenabschnitts zu drehen:

1 $^{1}/_{4}$-Zoll SU-Vergaser:	0,075 mm
1 $^{1}/_{2}$-Zoll SU-Vergaser:	1,0 mm
1 $^{3}/_{4}$-Zoll SU-Vergaser:	1,25 mm
1 $^{7}/_{8}$-& 2-Zoll SU-Vergaser:	1,5 mm

Durch diese Grundeinstellungen wird sicher gestellt, dass der Motor anspringt, selbst wenn die letztendlich richtige Einstellung noch nicht ermittelt wurde. Eine leichte Nachstellung an dieser Anfangsposition der Hauptdüse wird nahezu immer erforderlich sein, um eine korrekte Leerlaufeinstellung zu erlangen. Die Leerlaufgemischeinstellung wird am SU-Vergaser durch Hineinschrauben der Hauptdüse in den Brückenabschnitt erreicht. Es gibt kaum einen Motor, der läuft, wenn die Hauptdüse mit der

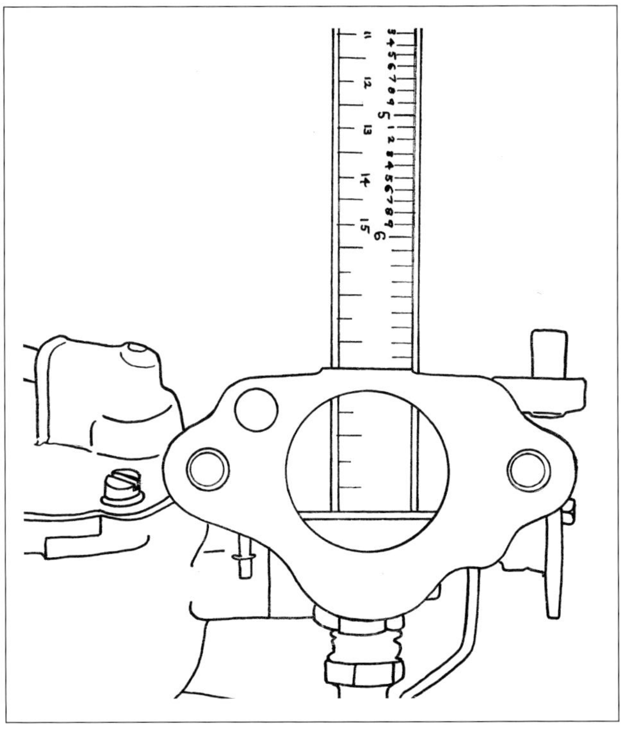

Tiefenmessspitze eines Messschiebers wird bei abgebautem Unterdruckgehäuse von oben in das Venturirohr eingesetzt, um den Abstand der Düse vom Brückenabschnitt des Venturirohrs zu messen.

Oberfläche des Brückenabschnitts in einer Ebene liegt.

Die seltene Ausnahme bilden jene Vergaser mit einer Düsennadel, die an den Messpunkten 1 und 2 einen geringeren Durchmesser als üblich aufweisen. Düsennadeln, die am Messpunkt 1 um 0,075 mm bis 0,1 mm kleiner im Durchmesser sind, als der Innendurchmesser der Hauptdüse, erfordern eine andere Einstelltiefe an der Hauptdüse, als die übrigen Vergaser. Diese Vergaserversionen sind jedoch selten und deren Düsennadeln erzeugen immer ein eher stark angereichertes Gemisch in dem betreffenden Vergaser. Der CO-Gehalt liegt dann teilweise bei über 5 % im Leerlauf, was für ein Straßenfahrzeug eindeutig zu viel ist. An den meisten Vergasern ist der Durchmesser der Düsennadel nur um 0,025 mm kleiner als der Innendurchmesser der Hauptdüse, so dass der CO-Gehalt bei Motoren mit diesen Vergasern zwischen 1,75 % und 2,5 % liegt. Nur weil ein Motor leistungsgesteigert ist oder für den Motorsport ausgelegt ist, bedeutet dies nicht, dass auf die Abgaswerte keine Rücksicht genommen werden sollte. Ein leistungsgesteigerter Motor muss im Leerlauf auch kein stärker angereichertes Gemisch fahren als der Serienmotor. Im Gegenteil, denn ein Hochleistungsmotor erzeugt ja auch deshalb mehr Leistung, weil er den vorhandenen Kraftstoff besser verwertet. Je stärker das Gemisch angereichert wird, um so unwirtschaftlicher läuft der Motor. Er läuft mit mehr Sprit auch nicht besser oder schneller, es sei denn, das Gemisch war von vorne herein zu mager eingestellt. Das Mischungsverhältnis muss genau stimmen und sollte maximal 12 Teile Luft zu einem Teil Kraftstoff betragen, was einem CO-Gehalt von 5 % bis 5,5 % entspricht. Im Idealfall beträgt das Mischungsverhältnis 14,7 Teile Luft zu einem Teil Kraftstoff, dieser Idealfall wird jedoch in der Praxis nicht erreicht.

Die meisten Düsennadeln sind am Messpunkt 1 um 0,025 mm kleiner als der Innendurchmesser der Hauptdüse, am Messpunkt 2 beträgt der Maßunterschied ca. 0,075 bis 0,125 mm. Bei Mehrfachvergaseranlagen müssen die Hauptdüsen alle auf das selbe Maß in den Brückenabschnitt hineingeschraubt werden. Diese Überprüfung gestaltet sich recht einfach, indem man die Unterdruckkammern von den Vergasern abbaut und die Tiefenmessspitze eines Uhrenmessschiebers an der Hauptdüse ansetzt und die Oberkante des Brückenabschnitts als Bezugskante nimmt. Bei dieser direkten Messung gibt es kaum Fehlerquellen.

Die optimale Einstellung der Hauptdüsen muss erst beim Probelauf des Motors ermittelt werden, Grundvoraussetzung ist jedoch, dass die Hauptdüsen aller Vergaser einer Mehrfachvergaseranlage um die selbe Anzahl an Umdrehungen in ihre Bohrung im Brückenabschnitt hinein gedreht sind. Stellt man die Hauptdüsen auf die vorgegebene Grundeinstellung ein, so bedeutet dies unter Umständen, dass das Gemisch im Leerlauf zu fett oder zu mager ist. Man prüft dies mit einem CO-Messgerät in den Auspuffgasen. Nachdem der CO-Gehalt auf ein erträgliches Maß korrigiert wurde, nimmt man eine Feineinstellung der Hauptdüsen vor, bis der Motor im Leerlauf gleichmäßig und rund läuft. Beim Einstellen des Leerlaufs an einer Mehrfachvergaseranlage können Probleme auftreten, wenn die Grundeinstellung von vorne herein nicht bekannt ist oder verloren ging. Der Luftdurchsatz durch alle Vergaser muss gleich sein, damit der Motor überhaupt richtig läuft. In einigen Fällen wird es schwer sein, den Motor ohne eine für alle Zylinder gleiche Luftmenge überhaupt zum Laufen zu bringen.

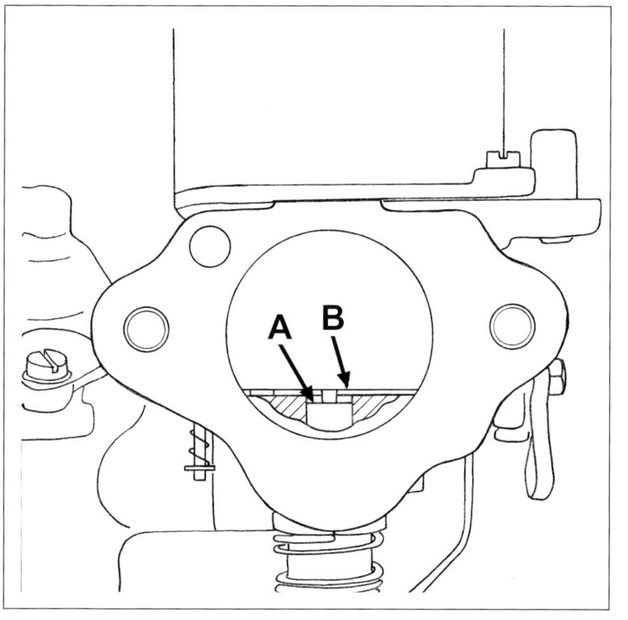

Die Schnittansicht zeigt die Hauptdüse „A" unterhalb der Oberfläche des Brückenabschnitts „B".

Um sicher zu stellen, dass die Luftmenge jeweils gleich ist, überprüft man die Drosselklappenstellung aller Vergaser. Hierzu löst man jeweils den Klemmverschluss des Gestänges und dreht die Stellschrauben für die Leerlaufdrehzahl an allen Drosselklappenwellen jeweils gegen den Uhrzeigersinn, bis sich die Drosselklappe nicht mehr bewegt und somit am Anschlag liegt. Dann dreht man die Stellschraube jeweils wieder im Uhrzeigersinn, bis die Drosselklappe sich gerade vom Anschlag abhebt. Von dieser „Nullstellung" an dreht man die Stellschraube jeweils eine weitere halbe Umdrehung im Uhrzeigersinn. Zur Kontrolle der Umdrehungen verwendet man am besten den Schlitz in der Schraube für die Schraubenzieherklinge. Der Klemmverschluss am Gestänge muss dann wieder geschlossen werden. Nun kann man den Motor anlassen und sicher sein, dass jeder Zylinder eine ungefähr gleiche Luftmenge erhält. Die Druckfedern, mit denen die Stellschrauben für Leerlaufdrehzahl belastet sind, verlieren mit der Zeit ihre Spannung und sollten an älteren Vergasern ausgetauscht werden. Anderenfalls werden die Stellschrauben losgerüttelt und deren Einstellung verändert sich unversehens im Betrieb. Bisweilen schafft auch eine auf der Feder und unter dem Schraubenkopf angesetzte Unterlegscheibe Abhilfe.

Einstellen der Leerlaufdrehzahl

Bei einer Mehrfachvergaseranlage muss vor dem Anlassen das Gestänge synchron eingestellt werden, damit der Motor überhaupt läuft, wenn auch anfangs sehr undiszipliniert. Sobald der Motor Betriebstemperatur erreicht hat und im Leerlauf dreht, kann das Übertragungsgestänge, das alle Drosselklappenwellen synchron miteinander verbindet, gelöst werden. Das ermöglicht dann eine Einstellung des Drosselklappenöffnungswinkels jedes einzelnen Vergasers unabhängig vom Einfluss des Übertragungsgestänges. Der Öffnungswinkel der Drosselklappe ist entscheidend für den Luftdurchsatz des Vergasers und jeder Vergaser einer Mehrfachvergaseranlage muss von der gleichen Luftmenge durchströmt werden. Früher verwendete man einen Schlauch, hielt diesen in die Mitte des Einlasskanals und horchte auf die Pfeifgeräusche des Luftstroms. Ein Pfeifgeräusch in derselben Tonlage an allen Vergasern zeigt eine Synchronisierung der Drosselklappenwellen und somit der Luftmenge an. Heute gibt es verlässlichere Methoden in Form eines geeichten Strömungsmessgerätes, wie es von den Firmen Gunson oder Motometer hergestellt wird. Von den althergebrachten Verfahrensweisen ist abzuraten, was leicht fällt, da diese Geräte zu einem akzeptablen Preis erhältlich sind.

Ungeachtet der Bauart oder Anzahl der Vergaser einer SU-Gemischbildungsanlage wird die Stellschraube für Leerlaufdrehzahl verwendet, um die durch den Vergaser strömende Luftmenge über den Anstellwinkel der Drosselklappe zu regeln. Zur Synchronisierung der Vergaser muss die Luftfilterbaugruppe ausgebaut werden. Das liegt daran, dass die Strömungsmessgeräte direkt auf den Vergasereinlass gehalten werden müssen.

WARNUNG: Bei der Vergasereinstellung können durch Fehlzündungen unvorhergesehen Stichflammen aus dem Vergasereinlass heraus schießen, die dann nicht wie im Betrieb üblich im Luftfiltergehäuse erstickt werden. Nicht in den Vergasereinlass hinein sehen und alle Sicherheitsmaßnahmen für vorbeugenden Brandschutz und Brandbekämpfung treffen.

Ziel der Leerlaufeinstellung ist es, den Motor gleichmäßig zwischen ca. 800 und 1500 U/min drehen zu lassen, wobei jeder Vergaser von der gleichen Luftmenge durchströmt wird. Die spezifische Leerlaufdrehzahl des Motors hängt vom Grad der Leistungssteigerung ab, insbesondere vom Öffnungswinkel der Nockenwelle. Je länger der Öffnungswinkel der Nockenwelle, um so höher die Leerlaufdrehzahl. Der CO-Gehalt im Abgas sollte für ein Straßenfahrzeug 1,75 % bis 2,5 % betragen, bei Motoren, die nur für den Motorsporteinsatz gedacht sind, kann er 3,5 % bis 4,5 % betragen.

Zur Messung des CO-Gehalts wird ein CO-Tester verwendet, wie er im Handel in verschiedenen Versionen erhältlich ist. Zum Einstellen des Leerlaufgemischs wird die Hauptdüse in Schritten von einer Sechstel Umdrehung hinein gedreht oder heraus geschraubt, d.h. in Relation zur Düsennadel gesenkt oder angehoben, bis der Motor den gleichmäßigsten Leerlauf bei einer realistischen Leerlaufdrehzahl aufweist. Der SU-Vergaser erlaubt eine derart exakte Gemischbildung, dass CO-Werte um die 1 % keine Seltenheit sind. Erreicht man im Leerlauf einen CO-Wert von 2 %, so ist dies allerdings schon ein sehr guter Wert. Nur selten wird ein CO-Wert von 1 % verwendet, da dieser Wert nicht das Maß einer Anreicherung des Leerlaufgemischs geben kann, das für eine rasche Gasannahme beim Wechsel vom Leerlauf in den Teillastbereich erforderlich ist. Nicht selten wird ein Motor mit 1 % CO bei schneller Betätigung des

Gaspedals vom Leerlauf weg abgewürgt, weil das Gemisch zu mager ist. Es gibt nur sehr wenige Düsennadeln, die dieses Problem beheben könnten. An diesen Düsennadeln ist der Durchmesser am Messpunkt 2 oder darüber um einiges geringer, als am Messpunkt 1, welcher dem Leerlauf entspricht. Eine derartige Düsennadel lässt sich jedoch herstellen, um so einen extrem niedrigen CO-Wert im Leerlauf und trotzdem eine gute Gasannahme aus dem Leerlauf heraus zu erreichen. Hier muss der Durchmesser an den Messpunkten 2 und 3 gegenüber dem am Messpunkt 1 drastisch kleiner werden, d.h. die Anreicherung des Gemischs erfolgt unmittelbar oberhalb der Leerlaufdrehzahl, im Leerlauf selbst ist das Gemisch jedoch magerer. Mit solchen Düsennadeln bestückt sind CO-Werte von 0,3 % bis 0,5 % im Leerlauf erreichbar. Derartige Düsennadeln sind jedoch nicht käuflich erhältlich, sie müssen in jedem Fall eigens angefertigt werden. Meist wird dieser Aufwand gescheut, die genannten Ergebnisse liegen jedoch im Bereich des Machbaren. In den meisten Fällen sind CO-Werte um die 2 % für ein Straßenfahrzeug akzeptabel und liegen in vielen Ländern innerhalb der gesetzlich zulässigen Grenzwerte für Fahrzeuge ohne Katalysator. An Fahrzeugen mit Katalysator sollte man CO-Werte von 0 bis 0,5 % im Abgas feststellen können, was wohlgemerkt nicht durch eine magere Gemischeinstellung bewirkt wird, sondern durch die Nachverbrennung des CO in Kohlendioxid im Katalysator.

Auch an Fahrzeugen für den reinen Motorsporteinsatz muss ein CO-Grenzwert eingehalten werden. Zu viel CO bedeutet eine rußige Verbrennung mit der Folge von verrußten Zündkerzen und anderen unerwünschten Verbrennungsrückständen. Ein CO-Gehalt von 5 % sollte auf keinen Fall überschritten werden. Akzeptable CO-Werte liegen also zwischen 2 % und 5 %, was die mögliche Bandbreite einer Abmagerung oder Anreicherung des Gemischs eingrenzt. Eine magere Einstellung sollte innerhalb der gegebenen Parameter angestrebt werden, ohne dass der Motor dann zum „Nachdieseln“ neigt oder beim Warmstart schlecht anspringt. Beide dieser Symptome wären auf ein zu mageres Gemisch zurück zu führen.

Nachdem der Motor auf eine akzeptable Leerlaufdrehzahl eingestellt wurde, der CO-Wert +/- 2,5 % beträgt und alle Vergaser einer Mehrfachvergaseranlage von einer gleich großen Luftmenge durchströmt werden, kann mit der Feineinstellung des Leerlaufs fortgefahren werden. Diese bezieht sich insbesondere auf die Einstellung der Hauptdüse. Zur Abmagerung des Gemischs wird diese gegen den Uhrzeigersinn, d.h. nach oben gedreht, zur Anreicherung des Gemischs nach unten. Zugang zu den Hauptdüsen erlangt man durch Abmontieren des Unterdruckgehäuses und des Saugkolbens. In diesem Zustand kann die Einstellhöhe der Hauptdüse auch mit dem Messschieber gemessen werden, wie vorhergehend beschrieben. Diese Messmethode ist dem Zählen von Gewindeumdrehungen der Hauptdüse bzw. Bruchteilen von Umdrehungen vorzuziehen, da man durch den Messschieber über jeden Zweifel erhabene Gewissheit erlangt und ein Verzählen in Bezug auf die Umdrehungen, um die die Hauptdüse geschraubt wurde, ausgeschlossen ist. Die Einstellung der Hauptdüse im Leerlauf erlaubt eine Anpassung des von der Düsennadel grundsätzlich vorgegebenen Mischungsverhältnisses von Luft und Kraftstoff im Leerlauf. Das Verstellen der Hauptdüse im Leerlauf ist also dem Verstellen der Leerlaufgemisch-Einstellschraube an anderen Vergaserbauarten gleich zu setzen. Wenn alle Faktoren im Leerlauf korrekt eingestellt sind, müssen Einstellhöhe der Hauptdüse, CO-Wert, Leerlaufdrehzahl und Drosselklappenanstellwinkel an allen Vergasern eines Motors exakt übereinstimmen. Ist es dennoch nicht möglich, einen runden und gleichmäßigen Leerlauf herzustellen, so liegt ein Problem vor. Entweder einer der Vergaser zieht Falschluft, z.B. über eine ausgeschlagene Drosselklappenwelle, oder einer der Vergaser erhält nicht die richtige Menge an Kraftstoff, z.B. weil im Schwimmerkammersystem eine Fehlfunktion vorliegt. Diese Probleme muss man vor dem Fortfahren korrigieren.

An einigen größeren SU-Vergasern kann es erforderlich sein, die Hauptdüse bis zu 2 bzw. 2,5 mm tief unterhalb der Oberfläche des Brückenabschnitts hinein zu drehen. Über die gesamte

Bandbreite der SU-Vergasergrößen sind Tiefenmaße zwischen 0,5 mm und 2,25 mm realistisch. Der SU-Vergaser ist eine sehr exakte Gemischbildungsanlage, was bedeutet, dass sich exakte Messmethoden bei der Einstellung um so mehr auszahlen werden. Deshalb sollte man beim Messen der Einstelltiefe der Hauptdüse unbedingt die Tiefenmessspitze des Messschiebers verwenden. Zweifel über die tatsächliche Einstellung der Hauptdüse werden so ausgeschlossen und eine Synchronisierung der Einstellung aller Vergaser einer Mehrfachvergaseranlage wird so gewährleistet. Die Leerlaufdrehzahl richtet sich nach dem Grad der Leistungssteigerung des Motors, insbesondere nach dem Profil der Nockenwelle. Die beigefügte Tabelle gibt Aufschluss über die zu erwartende Leerlaufdrehzahl.

Realistische Leerlaufdrehzahl in Relation zur Leistungssteigerung des Motors:

Serienmotor	Nockenwellenprofil wie ab Werk	500 – 700 U/min
Modifizierter Motor	Nockenwelle mit 270 Grad Öffnung	700 – 1000 U/min
Hochleistungsmotor	Nockenwelle 280-290 Grad Öffnung	900 – 1200 U/min
Rennmotor	Nockenwelle 300+ Grad Öffnung	1200 – 1500 U/min

Auswirkung der Zündzeitpunkteinstellung auf „Früh" auf die Leerlaufdrehzahl

Die Einstellung eines Vergasers stellt nur einen Teil der für die gesamte Einstellung des Motors ausschlaggebenden Faktoren dar. Der Verbrennungsvorgang hängt grundsätzlich von zwei Parametern ab: Zündung und Gemischbildung. Der Vergaser dient der Gemischbildung, d.h. er stellt ein zündfähiges Gemisch bereit, das dann von der Zündanlage auch richtig gezündet werden muss. Die Symptome einer falsch eingestellten oder defekten Zündanlage ähneln stark den Symptomen eines falsch eingestellten Vergasers, so dass man vor der Vergasereinstellung alle Fehlfunktionen der Zündanlage ausschließen sollte.

Eine genaue Abhandlung über die Zündanlage würde den Rahmen dieses Buches sprengen. Hat man es mit einem Serienmotor zu tun, so ist es unerlässlich, die Zündung nach Werksangaben einzustellen. Ein leistungsgesteigerter Motor erfordert meist im Leerlauf etwas mehr Frühzündung, bis ca. 20 Grad vor OT oder darüber an Hochleistungsmotoren. Die statische Einstellung des Zündzeitpunkts, d.h. die im Leerlauf vorliegende Frühzündung hängt von vielen Faktoren ab, verallgemeinernde Aussagen sind hierzu nicht möglich. Auf jeden Fall darf ein Motor nicht zu viel Frühzündung haben, da hierdurch die Drehzahlgrenze und Motorleistung herabgesetzt werden und ein Motorschaden eintreten kann. Stellt man nach vergeblichen Versuchen der Leerlaufeinstellung am Vergaser fest, dass ein Verdrehen des Verteilers in Richtung „Früh" eine merkliche Verbesserung der Leerlaufeigenschaften des Motors bewirkt, so ist eine Modifizierung der Zündanlage in Bezug auf die dynamische Zündzeitpunktverstellung durch Fliehkraft und Unterdruck entlang des Drehzahlspektrums erforderlich.

Erfolgt die Zündung im Leerlauf zu spät, d.h. die durch Verteilereinstellung vorgegebene statische Frühzündung ist zu gering, so kann ungeachtet der Anreicherung des Gemischs ein Rückschlagen der Flamme aus dem Vergaser ein Symptom hierfür sein. Ein weiteres Anzeichen ist eine zögernde Gasannahme des Motors aus dem Leerlauf heraus. Wie bereits erwähnt, kann eine falsche Gemischzusammensetzung sehr ähnliche Symptome erzeugen. Vor der Einstellung des Vergasers müssen daher alle potenziellen Fehlerquellen der Zündanlage behoben werden. Grundsätzlich sei erwähnt, dass ein übermäßiges Verlegen des Zündzeitpunkts nach „Früh" nicht erstrebenswert ist und bei einem richtig aufgebauten Hochleistungsmotor auch nicht erforderlich sein sollte. In einem Hochleistungsmotor breitet sich die Flammfront schneller aus, der Verbrennungsvorgang sollte daher im Vergleich tatsächlich weniger Frühzündung erfordern als der Serienmotor. Erst bei höheren Drehzahlen ist mehr Frühzündung erforderlich, um die Verbrennungsgeschwindigkeit der steigenden Motordrehzahl anzupassen. Um dies zu erreichen, ist an Hochleistungsmotoren ein grundlegender Umbau der Zündanlage erforderlich.

Synchronisierung einer Mehrfachvergaseranlage im Teillastbereich

Läuft der Motor einmal ordnungsgemäß im Leerlauf, so kann die Einstellung bzw. Synchronisierung der Drosselklappe bzw. Drosselklappen im Teillastbereich vorgenommen werden. Der Teillastbereich beginnt unmittelbar mit dem Abheben der Drosselklappen vom Leerlaufanschlag. Diese Einstellung ist erforderlich, damit alle Drosselklappen gleichzeitig vom Anschlag abgehoben werden. Die Synchronisierung erfolgt über das Drosselklappengestänge bzw. die Klemmschrauben, mit denen die Drosselklappenwellen am Gestänge befestigt sind. Vor dem Beginn der Einstellarbeiten am Gestänge sind alle Lager, Buchsen und Gelenke vom Gaspedal bis zum Drosselklappenhebel auf Spiel, Verschleiß und Beschädigung zu untersuchen. Defekte oder ausgeschlagene Teile müssen ersetzt werden, bevor mit den Arbeiten fortgefahren wird. Zum Einstellen müssen die Klemmschrauben bzw. jede andere Verbindung zwischen der Drosselklappenwelle und dem vom Gaspedal betätigten Übertragungsgestänge gelöst werden. Ferner muss der Motor Betriebstemperatur haben und die Luftfiltergehäuse müssen abgebaut werden, damit Einsicht in den Vergasereinlass besteht.

WARNUNG: Bei den Einstellarbeiten können durch Flammenrückschlag unvorhergesehen Stichflammen aus dem Vergasereinlass heraus schießen. Niemals direkt in den Vergasereinlass hinein sehen. Um dennoch die Drosselklappenstellung kontrollieren zu können, verwendet man z.B. einen Spiegel und eine Taschenlampe, die an einem langen Stab befestigt werden, so dass eine sichere Entfernung zum Vergasereinlass gewahrt wird.

Bei diesen Arbeiten wird ein Helfer zugegen sein müssen, da nicht alle Handgriffe gleichzeitig von einer Person ausgeführt werden können.

WARNUNG: Bei Arbeiten am laufenden Motor keinen Schmuck, lange Haare oder lose Kleidung tragen. Werkzeug niemals auf dem Motor oder im Motorraum ablegen.

Nun müssen bei im Leerlauf drehendem Motor alle Verbindungsstangen zum Übertragungsgestänge festgezogen werden. Man beginnt das Festziehen aller lösbaren Verbindungen zwischen Gaspedal und Drosselklappenwelle also an jener Verbindungsstelle, die der Drosselklappenwelle am nächsten liegt. Bei einem V-Motor muss dieser Arbeitsgang für die andere Zylinderreihe wiederholt werden. Nach dem Festziehen der jeweils ersten Verbindungsstelle muss der Luftdurchsatz durch den Vergaser erneut gemessen werden. Die den Vergaser durchströmende Luftmenge muss genau so groß sein, wie bei der ursprünglichen Leerlaufeinstellung ermittelt. Ferner müssen alle Vergaser von einer gleich großen Luftmenge durchströmt werden. Bestehen Unterschiede bzw. Abweichungen der Messwerte für die Luftmenge, so sind die Klemmverschlüsse wieder zu lösen und neu einzustellen. Die Drosselklappe muss in jedem Vergaser im Leerlauf den Leerlaufanschlag gerade so berühren, dass sie kurz vor dem Abheben von demselben steht. Der zweite Schritt besteht in leichtem Gasgeben, um die Drosselklappen vom Leerlaufanschlag abzuheben und in den Teillastbereich zu gelangen. Um ein Verziehen des Gasgestänges auf ein Mindestmaß zu reduzieren, greift man hierbei vorzugsweise am Hebel an, der meist in der Mitte des Übertragungsgestänges zwischen zwei Vergasern angeordnet ist, nicht am Gaspedal oder an einem Ende des Übertragungsgestänges. In dieser Teillaststellung die Luftmenge, die durch jeden Vergaser strömt, erneut messen.

Wieder muss jeder Vergaser von derselben, nun selbstverständlich größeren Luftmenge durchströmt werden. Der Vorgang wird an jeder verstellbaren Verbindungsstelle des Übertragungsgestänges zwischen Gaspedal und Drosselklappenwellen der einzelnen Vergaser wiederholt, bis alle Vergaser einer Mehrfachvergaseranlage bei jeder Drehzahl von exakt derselben Luftmenge durchströmt werden und deren Drosselklappen exakt zum selben Zeitpunkt vom Drosselklappenanschlag abheben. Der wohl schwierigste Fall, was das Einstellen des Gasgestänges betrifft, ist ein V8- oder V12-Motor mit zwei SU-Vergasern je Zylinderreihe. Man löst hierzu die Verbindung der Übertragungsgestänge zu den Verbindungsstangen bzw. zum Hebelwerk, das beide Zylinderreihen miteinander verbindet. Dann klemmt man zuerst die Vergaser einer Zylinderreihe zueinander fest und bewegt das Übertragungsgestänge der beiden Vergaser dieser Zylinderreihe etwas. Die Luftmenge, die durch beide Vergaser dieser Zylinderreihe strömt, muss gleich sein. Auf der gegenüber liegenden Seite geht man ebenso vor, bis die einzelnen Vergaser an jeder der Zylinderreihen jeweils zueinander synchronisiert sind, die Synchronisierung der Zylinderreihen insgesamt jedoch noch nicht gewährleistet ist. Hier bietet sich die Anschaffung eines zweiten Strömungsmessgerätes an, um nun die Synchronisierung der Zweifachvergaseranlagen beider Zylinderreihen zueinander zu erreichen. Hierzu sind wieder alle Klemmverbindungen des Gestänges zu lösen. Der Helfer muss nun bei ausgeschaltetem Motor das Gaspedal in einer leicht betätigten Stellung halten, um das gesamte Gasgestänge leicht unter Spannung zu setzen. Dann mit leichtem Fingerdruck den Gasbetätigungshebel an der Vergaserbaugruppe in entgegen gesetzte Richtung bewegen, d.h. in Richtung Schließen der Drosselklappe. Durch den leichten Kraftaufwand, der am gesamten Gasgestänge aus entgegen gesetzten Richtungen angreift, wird das Spiel weg genommen. In dieser Stellung sind die Klemmverbindungen des gesamten Gestänges wieder zu schließen. Wird das Gaspedal nun losgelassen, so verbleibt ein gewisses Spiel, welches jedoch bei erneuter Betätigung des Gaspedals nur in eine Richtung wirkt oder aber ganz aufgehoben ist.

Die Einstellarbeiten müssen so lange fortgeführt werden, bis alle Vergaser des Motors in jeder Stellung des Gaspedals auch einen gleichen Drosselklappenanstellwinkel aufweisen und somit von der gleichen Luftmenge durchströmt werden. Erfolgt keine Synchronisierung der Vergaser und/oder Zylinderreihen zueinander, so bedeutet dies einen Leistungsverlust, da die Zylinder, die über ihren Vergaser eine größere Luftmenge erhalten, jene mit der geringeren zugeteilten Luftmenge „mitschleppen" müssen. Das Einstellen des Gasgestänges kann sich sehr zeitraubend gestalten und erfordert viel Geduld. Als Beispiel hierfür sei der Daimler SP 250 V8 erwähnt. Bei derart komplizierten Übertragungsmechanismen, wie bei einfacheren Versionen auch, sollte man zuerst prüfen, dass die Stangen, Kugelköpfe, Umlenkhebel usw. auf beiden Seiten exakt die gleichen Längenmaße haben bzw. Winkel durchfahren. Beim Messen der Länge von Verbindungsstangen ist immer das Maß von Mitte Kugelkopf an Mitte Kugelkopf entscheidend.

Zusammenfassung

Nachdem die Luftmengen, die im Leerlauf und im Teillastbereich durch die einzelnen Vergaser strömen, synchronisiert sind und die Hauptdüsen in allen Vergasern auf die gleiche Tiefe unterhalb des Brückenabschnitts im Venturirohr eingestellt sind, ist eine korrekte Einstellung des Leerlaufgemischs gewährleistet. Der erste und unverzichtbare Schritt für die Einstellung des Vergasers, nämlich die Leerlaufeinstellung, ist damit abgeschlossen. Erst wenn der Motor im Leerlauf gleichmäßig läuft, kann man mit der Überprüfung und Einstellung entlang des gesamten Drehzahlspektrums beginnen. Am SU-Vergaser kann eine Einstellung der Gemischzusammensetzung bei höheren Drehzahlen nur durch ein Auswechseln bzw. eine Änderung der Düsennadel erfolgen.

KAPITEL 8

Düsenbestückung an serienmäßig mit SU-Vergasern ausgestatteten Motoren

Dieses Kapitel behandelt diejenigen SU-Vergaser, die ab Werk an einem Motor angebaut wurden, der als Hochleistungsmotor modifiziert werden soll. Derartige Motoren bergen in der Serienversion zum Teil erhebliche Leistungsreserven, da sie mit dem Ansinnen auf Langlebigkeit und Zuverlässigkeit auf eine geringere Leistung eingestellt wurden als jene, für die die Bauteile eigentlich ausgelegt sind. Beispiele hierfür sind die Motoren im MG Midget, Mini Cooper und MGB. Steht bei diesen Motoren eine Generalüberholung an, so nimmt man oft die Gelegenheit wahr und führt eine leichte Leistungssteigerung durch, bei der aber die serienmäßig eingebauten Komponenten im Wesentlichen erhalten bleiben. Nach einer derartigen Generalüberholung stimmt meist die ursprüngliche Düsenbestückung mit den tatsächlichen Eigenschaften des Motors nicht mehr überein.

Die zur Korrektur dieser Ungereimtheiten erforderlichen Änderungen sind oft nur geringfügig im Umfang und beziehen sich meist ausschließlich auf die Düsennadeln selbst und möglicherweise noch die Kolbenfedern. In letzterem Falle ist es oft nur erforderlich, die Feder durch eine neue zu ersetzen, weil die vorhandene ihre Spannung verloren hat. Das bedeutet, dass der Vergaser bei einer Generalüberholung des Motors eine neue Düsennadel und höchstens zusätzlich noch eine neue Kolbenfeder benötigt. Ebenfalls könnte die vorhandene Düsennadel angepasst werden, was meist der einfachste Weg ist. Handelt es sich um einen Motor, der nahe dem serienmäßigen Zustand aufgebaut ist, so wird sich das Profil der vorhandenen Düsennadel von dem erforderlichen Profil nicht grundsätzlich unterscheiden. In den meisten Fällen werden Änderungen in Bezug auf die Anreicherung im mittleren Drehzahlbereich erforderlich, konkret also zwischen dem 3. und 7. Messpunkt. Handelt es sich bei dem vorliegenden Motor um einen leicht leistungsgesteigerten Motor eines Serienaggregats, das bereits ab Werk schon als eher sportlich eingestuft wurde – z.B. ein mit zwei Vergasern ausgestatteter Motor –, so ist es gut möglich, dass die vorgefundene Düsenbestückung ausreichende Fahrleistungen erzeugt, jedoch ein nicht zu vernachlässigendes Verbesserungspotenzial bietet. In einem solchen Fall sind zuerst die von SU angebotenen Düsennadeln zu verwenden, deren Profil in ein und demselben Vergaser ein jeweils fetteres Gemisch erzeugen. Diese Düsennadeln sind im Regelfall im SU-Tabellenbuch aufgeführt. Aber selbst diese ab Werk lieferbaren Düsennadeln lassen oft noch Wünsche offen, so dass man darauf vorbereitet sein sollte, weitere Düsennadeln auszuprobieren oder neu anzufertigen. Als Grundregel sollte man jedoch zuerst die ab Werk vorgegebenen bzw. verfügbaren Düsennadeln und Kolben ausprobieren, bevor eigene Experimente gemacht werden.

Wichtig: Bei den nachstehend dargelegten Vorgehensweisen wird voraus gesetzt, dass die Vergaser selbst exakt mit dem Typ und dem Durchmesser am Vergasereinlass übereinstimmen, der auch an den werksseitig eingebauten SU-Vergasern vorzufinden war. Die tatsächlich verwendeten Vergaser dürfen z.B. nicht größer sein als die in der Serie eingebauten. Weiterhin müssen sich die Vergaser in vollkommen betriebstüchtigem Zustand befinden. Wie bereits erwähnt, ist auch der Zündanlage Aufmerksamkeit zu schenken, damit die Symptome eines falsch eingestellten Vergasers nicht mit jenen einer mangelhaft arbeitenden Zündanlage verwechselt werden können. Standard-Kolbenfedern werden nach Höhe im komprimierten Zustand klassifiziert, wie auf Seite 158 des SU-Tabellenbuchs „SU Reference Catalogue" aufgeführt. Ein Auszug ist der beigefügten Tabelle zu entnehmen.

Kolbenfeder Typ A:

Verwendung in SU-Vergasern der Größe 1 1/4 Zoll, 1 1/2 Zoll, 1 3/4 Zoll

Hellblau	2,5 oz
Rot	4,5 oz
Gelb	8 oz
Grün	12 oz

Kolbenfeder Typ A:

Verwendung in SU-Vergasern anderer Größen

Rot & Grün	11,25 oz
Hellblau & Schwarz	4,5 oz

Kolbenfeder Typ B:

Verwendung in allen SU-Vergasern des Typs HIF:

Rot	4,5 oz
Gelb	8 oz
Grün	12 oz

Die meisten Motoren sind serienmäßig mit Federn von 2,5 bis 4,5 oz Gegendruck ausgestattet (Unze [Ounce Avoirdupois] x 28,3495 = Gramm). In nahezu jedem Fall bewirkt die Verwendung einer leichteren Feder auch eine Leistungssteigerung, erfordert dann aber eine Anpassung des Düsennadelprofils bzw. die Verwendung einer anderen Düsennadel.

Oft verwittert die Farbmarkierung, die ab Werk zur Klassifizierung der Federn nach ihrer Druckkraft angebracht wurde oder löst sich nach einigen Reinigungsgängen in der Teilewaschanlage ab. Am einfachsten behebt man das Problem durch Einkauf neuer Druckfedern, deren Klassifizierung dann bekannt ist oder man misst die tatsächlich von der Feder ausgeübte Druckkraft überschlagsmäßig auf einer einfachen Brief- oder Küchenwaage. Diese Waagen sind in ihrer Genauigkeit für derartige Messungen ausreichend. Bei der Messung immer beachten, dass die Waage vorher auf Null gestellt werden muss. Siehe hierzu die beigefügten Abbildungen. Die im Vergaser vorhandenen Federn können in ihrer Druckkraft durch Alterung und Materialermüdung um bis zu 1 oz abgenommen haben. Ausschlaggebend ist an Mehrfachvergaseranlagen jedoch, dass alle Federn bei derselben Höhe auch dieselbe Druckkraft ausüben. Für Vergleichszwecke verwendet man ein in der komprimierten Länge der Feder geschnittenes Stück Karton. Alle Federn einer Mehrfachvergaseranlage müssen auf den durch Sogwirkung angehobenen Saugkolben immer die selbe Druckkraft ausüben. Bestehen Unterschiede zwischen den Druckfedern, so hat dies einen direkten, nachteiligen Einfluss auf die Gemischzusammensetzung der einzelnen Verga-

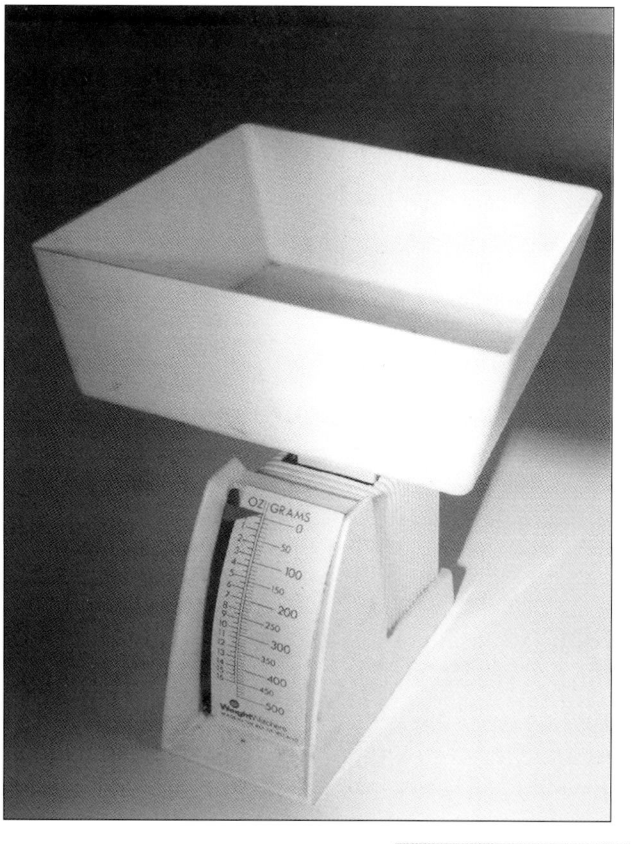

Eine einfache Brief- oder Küchenwaage dient zur Messung der Druckkraft einer Kolbenfeder.

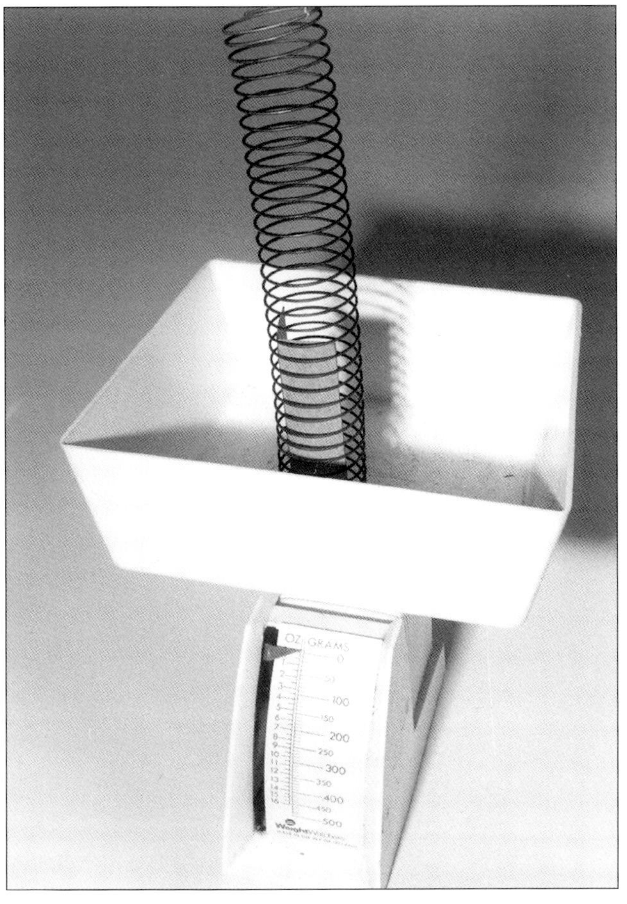

Ein Stück Karton wird auf die komprimierte Länge der Feder zugeschnitten. Den Karton falten, bis er in die Feder passt und dann die Feder von Hand zusammen drücken.

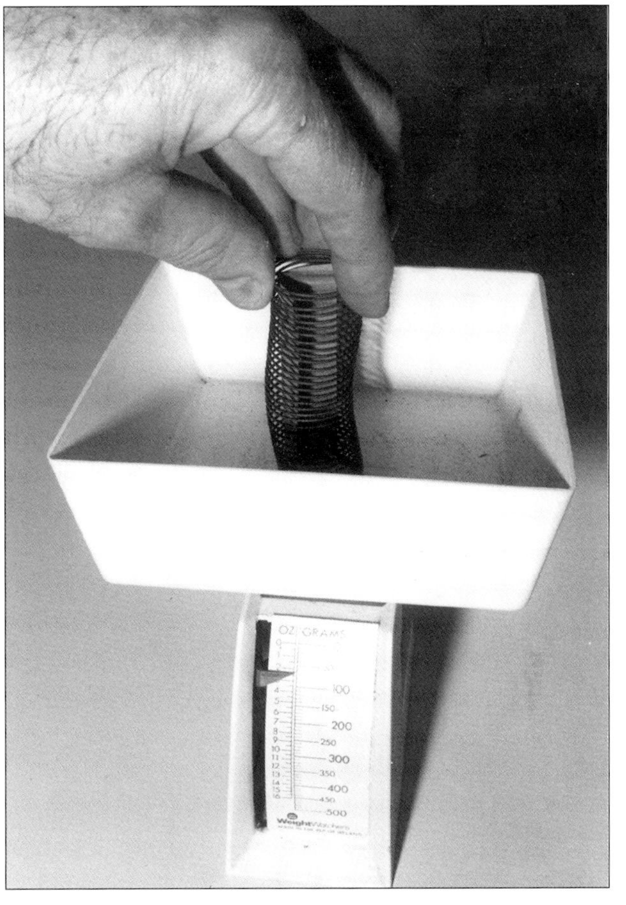

Bei komprimierter Feder wird der Messwert für die Druckkraft der Feder auf der Skala der Waage abgelesen. Der gefaltete Karton dient ebenfalls dazu, die Feder gerade zu halten.

ser. Das bedeutet auch, dass gleichmäßig verschlissene Druckfedern in zwei oder mehr Vergasern durchaus akzeptable Fahrleistungen möglich machen. Prinzipiell ist es wichtiger, zwei oder mehr gleich starke Federn zu haben, als eine gewisse Stärke der Federn zu erlangen, d.h. stärkere oder schwächere zu haben. Oft lassen sich mysteriöse Leistungsprobleme an Motoren mit Mehrfachvergaseranlagen auf gerade diese Druckfedern zurück führen.

Grundsätzlich stehen die Druckfedern des Saugkolbens in der Reihenfolge bei der Einstellung von SU-Vergasern an erster Stelle. Erst wenn diese Federn richtig ausgewählt sind, kann die Ermittlung des idealen Düsennadelprofils in Angriff genommen werden, wobei dieses Profil immer nur in Kombination mit einer bestimmten Feder richtig wirken kann. Eine andere Feder wird auch eine andere Düsennadel erfordern.

Um am laufenden Motor die Eigenschaften des Düsennadelprofils beurteilen zu können, wird das Unterdruckgehäuse oben aufgeschraubt und eine aus einem Rundstab gefertigte Lehre auf die obere Stirnfläche des Saugkolbens gestellt. Diese Lehre fertigt man aus einem leichten Material, z.B. Bambus oder dünnem Kunststoffrohr (Durchmesser ca. 7,5 mm, Länge ca. 125-150 mm). Bei Mehrfachvergaseranlagen fertigt man eine entsprechende Anzahl identischer Lehren. Auf der Lehre wird eine Skala mit den Messpunkten des Düsennadelprofils aufgetragen. Hierzu setzt man die Lehre bei abgeschaltetem Motor in den Kanal oberhalb des Saugkolbens ein, so dass das untere Ende der Lehre maßhaltig auf der oberen Stirnfläche des Saugkolbens anliegt. Jetzt markiert man den Messpunkt 1 nahe der Oberkante des Unterdruckgehäuses. Diese Markierung als oberen Anfangspunkt nehmend

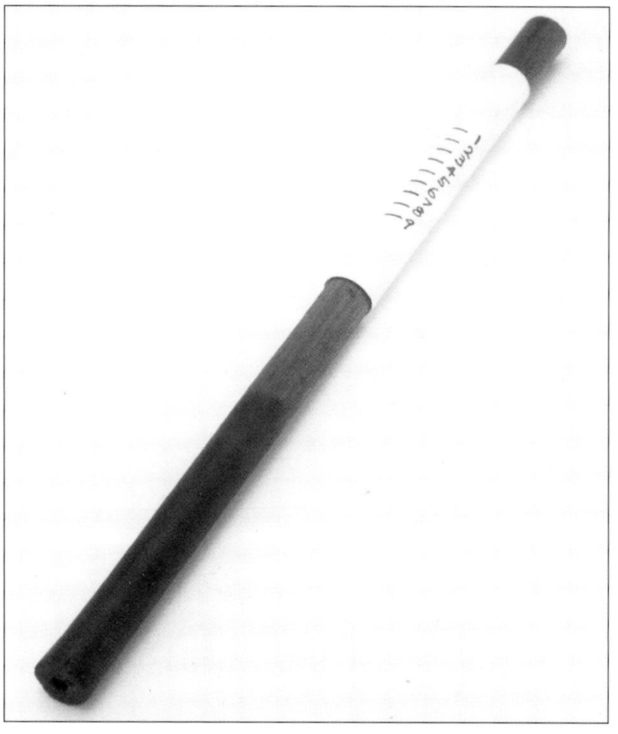

Diese aus einem Bambusstab gefertigte Lehre ermöglicht das Ablesen des Messpunktes an der Oberkante des Unterdruckgehäuses in direkter Abhängigkeit von der Stelle des Düsennadelprofils, die gerade die Gemischbildung im Vergaser regelt. Der Stab ist aus Bambus gefertigt, da dieses leichte Material die tatsächlich am Saugkolben angreifenden Kräfte nicht maßgeblich verzerrt. Die Skala der Messpunkte wird auf einem weißen Etikett in einem festgelegten Abstand von der Unterkante des Bambusrohrs aufgezeichnet.

Motor läuft nicht: Der Kolben ruht auf dem Brückenabschnitt und die Hauptdüse ist unter die Oberkante des Brückenabschnitts geschraubt. Aufgrund der vorgegebenen Länge der Bambuslehre steht der Messpunkt 1 an der Oberkante des Unterdruckgehäuses.

werden die weiteren Messpunkte nach unten hin auf der Lehre angezeichnet. Beim Festlegen des Messpunktes 1 auf der Lehre wird der Abstand mit einbezogen, um den die Hauptdüse unterhalb des Brückenabschnitts hinein geschraubt ist, außerdem das Maß, um welches der Anschlag des Saugkolbens von der unteren Stirnseite des Saugkolbens absteht. Deshalb liegt der Messpunkt 1 wie im Bild dargestellt etwas oberhalb der Oberkante des Unterdruckgehäuses. Da das so zu kompensierende Abstandsmaß erst nach Einstellen des Leerlaufs, wie in vorhergehenden Kapiteln beschrieben, fest steht, kann die Lehre erst dann angefertigt werden, wenn der Motor im Leerlauf rund dreht und die Hauptdüse auf das als erforderlich ermittelte Maß unterhalb der Oberkante des Brückenabschnitts hinein geschraubt wurde. Die Lehre gibt jetzt bei laufendem Motor entlang des gesamten Drehzahlbereichs eindeutig Aufschluss darüber, wo die Düsennadel gerade steht, d.h. welcher Messpunkt gerade im Querschnitt der Hauptdüse liegt und für die Gemischbildung verantwortlich ist. An Mehrfachvergaseranlagen erlaubt eine derartige Lehre den Vergleich zwischen den einzelnen Vergasern der Gemischbildungsanlage, um so eventuelle Differenzen in der Auslenkung des Saugkolbens in Relation zur Drosselklappenstellung eingrenzen zu können. Es ist hierbei wichtig zu bedenken, dass selbst bei in Vollgasstellung stehender Drosselklappe der Saugkolben nicht zwingend bis zum numerisch höchsten Messpunkt ausgelenkt sein muss, da die Stellung des Saugkolbens – und somit der Düsennadel – direkt nur von dem Gegenspiel der tatsächlich im Ansaugkanal erzeugten Sogwirkung, der Druckkraft der Kolbenfeder und der Bremskraft des Öls im Dämpfer abhängig ist. In der Praxis steht die

Motor dreht im Leerlauf: Auf der Skala steht nun der Messpunkt 2 an der Oberkante des Unterdruckgehäuses, was bedeutet, dass der Bereich der Düsennadel am Messpunkt 2 jetzt im Querschnitt der Hauptdüse liegt und der Durchmesser der Düsennadel am Messpunkt 2 die Gemischzusammensetzung bestimmt. Im Leerlauf sollte die Skala normalerweise zwischen den Messpunkten 2 und 3 anzeigen.

Der Saugkolben und somit auch die darauf angeordnete Bambusstange steigen, bis der Motor – in diesem Beispiel – aufgrund einer Abmagerung des Gemischs zu stottern beginnt. Das würde bedeuten, dass die Düsennadel an diesem Messpunkt poliert werden muss, um durch Materialabtragen den Durchmesser zu verringern und somit mehr Kraftstoff zuzuteilen.

Lehre bei Stillstand des Motors nahe dem Messpunkt 2, im Leerlauf zwischen den Messpunkten 2 und 3. Bei Einbau der laut Tabellenbuch vorgegebenen Düsennadeln sollte es zumindest möglich sein, den Motor anzulassen. Der Bereich zwischen dem ersten und zweiten Messpunkt ist insbesondere dafür wichtig, den Motor überhaupt zum Laufen zu bringen und dann den Leerlauf einstellen zu können. Wird der Motor in den Teillastbereich hochgefahren, so hebt der Saugkolben aus der Leerlaufstellung nach oben ab und mit ihm natürlich auch die Rundstab-Lehre. Das erlaubt eine genaue Zuordnung des Messpunkts am Düsennadelprofil zu der gegebenen Drehzahl und zum Anstellwinkel der Drosselklappe. Mit dem Durchfahren des Drehzahlbereichs macht sich unter Umständen ein Beschleunigungsloch bemerkbar, d.h. der Motor stottert oder nimmt das Gas nur zögernd an. Das ist für den Einstellvorgang sehr von Vorteil, weil nun fest steht, dass an dem entsprechenden Messpunkt der vorhandenen Düsennadel Material weggenommen werden muss, um die erforderliche Anreicherung des Gemischs bei dieser Drehzahl zu erlangen. Stellt man kein Beschleunigungsloch fest, so ist die Nadel unter Umständen zu „fett", d.h. zu klein im Durchmesser, und erzeugt ein zu fettes Gemisch. Dies würde am ehesten über den CO-Tester, der bei der Vergaseinstellung immer im Auspuffrohr klemmen sollte, erkennbar. Man muss in einem solchen Fall mit einer neuen, an diesem Messpunkt stärkeren Düsennadel anfangen, was wiederum Umbauarbeiten und viel Zeit und Aufwand erfordert. Deshalb ist eine klar feststellbare Abmagerung des Gemischs an einem bestimmten

Der Saugkolben mit der skalierten Bambusstange steigt nach der Bearbeitung der Düsennadel ohne zögernde Gasannahme bis zum Messpunkt 7 auf. Bei der Einstellung muss man sich von einer „mageren" Nadel beginnend einer durch Polieren der Nadel erlangten Anreicherung des Gemischs nähern.

Messpunkt eigentlich eine gute Nachricht, weil man dann genau weiß, in welcher Richtung man sich dem Idealprofil der Düsennadel an diesem Messpunkt annähern muss – nämlich durch das Abtragen von Material an genau diesem Messpunkt. Eine Verkleinerung des Durchmessers der Düsennadel kann natürlich an ein und derselben Nadel durchgeführt werden, das Auftragen von Material mit dem Ansinnen einer Vergrößerung des Durchmessers der selben Nadel wäre praktisch nicht durchführbar, d.h. man müsste die Einstellarbeiten mit einer komplett neuen Nadel von vorne anfangen. Es besteht auch kein Anlass, auf Ersatz für ein einmal ermitteltes Düsennadelprofil zu verzichten, wenn man genau notiert, von welcher Stärke an einem bestimmten Messpunkt aus die Einstellarbeiten begonnen wurden und welche Stärke die Düsennadel am betreffenden Messpunkt am Ende hat, wenn der Motor dann perfekt läuft. Erfahrungsgemäß tritt ein Beschleunigungsloch zwischen den Messpunkten 3 bis 5 auf.

Bei der Ermittlung des idealen Düsennadelprofils muss man also systematisch vorgehen, d.h. sich Messpunkt für Messpunkt vorarbeiten und jeweils immer die zögernde Gasannahme durch Polieren der Düsennadel beseitigen. Stellt man ein Beschleunigungsloch zwischen zwei Messpunkten fest, so ist der Bereich zwischen diesen Messpunkten zu polieren. So fährt man entlang des Drehzahlspektrums bis in den oberen Teillastbereich fort, bis der Motor bei sehr langsamer Gasbetätigung spontan und sauber hochdreht, der CO-Wert laut Abgastester jedoch nicht maßgeblich ansteigt. Je langsamer man das Gaspedal durchtritt, um so offenkundiger wird ein eventuell vorhandenes Beschleunigungsloch. Außerdem ist es erforderlich, langsam Gas zu geben, weil die Öldämpfung des Kolbens nicht wirksam ist, solange die Rundstab-Lehre oben auf dem Saugkolben ruht. Man sollte diesen Vorgang nur bis zur Hälfte der Nenndrehzahl des Motors durchführen, weil zum Einen die Beschleunigungslöcher in nahezu allen Fällen in der unteren Hälfte des Drehzahlspektrums liegen und zum Anderen ein Motor, der ohne Last bis in höhere Drehzahlen gedreht wird, unnötig Schaden nehmen kann – z.B. weil durch Fehlen des Fahrtwindes keine ausreichende Kühlung stattfindet.

Hat man einmal den Bereich der Düsennadel zwischen Messpunkten der ersten Hälfte der Düsennadel genau festgelegt, so lässt sich der Bereich entlang der zweiten Hälfte der Düsennadel leicht anderweitig ermitteln. Im Idealfall nimmt der Durchmesser der Düsennadel von einem Messpunkt zum nächsten jeweils um 0,001 Zoll (ca. 0,025 mm) ab, wobei numerisch höher liegende Messpunkte bis zur Spitze hin bisweilen Durchmesser haben, die die Silhouette der Düsennadel in diesem Abschnitt parallel machen. Oft ist jedoch eine Abstufung von nur 0,0005 Zoll bereits ausreichend, mehr als 0,002 Zoll sollte die Abstufung von einem Messpunkt zum nächsten nicht betragen. Auf keinen Fall sollte mehr Material wegpoliert werden als unbedingt erforderlich, um das Beschleunigungsloch zu beseitigen. Die erste Hälfte der Düsennadel reicht an SU-Vergasern der Größe 1 1/4 Zoll von Messpunkt 1 bis 5 oder 6, an SU-Vergasern der Größe 1 1/2 Zoll von Messpunkt 1 bis 6 oder 7, an SU-Vergasern der Größe 1 3/4 Zoll von Messpunkt 1 bis 7 oder 8 und an SU-Vergasern der Größe 2 Zoll von Messpunkt 1 bis 8 oder 9. Mit steigender Drehzahl darf es entlang diesem Teil des wirksamen Bereichs der Düsennadel bei langsamem Gasgeben unter keinen Umständen eine zögerliche Gasannahme geben.

Da, wie bereits erwähnt, die Dämpfungsfunktion des Saugkolbens, die einer spontanen Auslenkung und zeitweisen Überfettung bzw. Abmagerung des Gemischs entgegen wirken soll, bei der Messmethode mit der Rundstablehre nicht wirksam ist – weil die Dämpferstange des Saugkolbens oben im Schraubverschluss am Unterdruckgehäuse montiert ist -, muss jetzt ein zweiter Arbeitsgang der Einstellung erfolgen, bei der die Dämpfungsfunktion mit einkalkuliert wird. Der Rundstab wird also entfernt und der Schraubverschluss auf das Unterdruckgehäuse aufgeschraubt. Das grundsätzliche Idealprofil der Düsennadel wurde im vorhergehenden Arbeitsgang mit der Rundstablehre und ohne Dämpfungsfunktion bereits ermittelt, es kann sich bei dem jetzigen Arbeitsgang also nur um eine weitere Anreicherung des Gemischs durch Verringern des Durchmessers der Düsennadel handeln – um so der nun arbeitenden Dämpfungsfunktion des Saugkolbens Rechnung zu tragen. Hierbei ist davon auszugehen, dass nicht an einzelnen Messpunkten eine Verringerung des Durchmessers in jeweils unterschiedlichem Ausmaß vorzunehmen ist, sondern dass die Bereiche entlang aller Messpunkte der Düsennadel durch die nun wirkende Dämpfungsfunktion des Saugkolbens gleichermaßen betroffen sind und deshalb eine jeweils annähernd gleiche Reduzierung des Durchmessers erfahren müssten.

Diese Reduzierung des Durchmessers kann wiederum weitere 0,001 bis 0,002 Zoll betragen, in Einzelfällen auch mehr. Während bei der nun erfolgenden Dämpfung des Saugkolbens eine zügigere Gasbetätigung erfolgen kann, so ist von einem schlagartigen Öffnen der Drosselklappen dennoch abzuraten. Man geht wie folgt vor: Aus dem Leerlauf heraus zügig, z.B. durch eine Drehung des Handgelenks am Drosselklappenhebel bzw. ein Ziehen in der Mitte des Übertragungsgestänges, die Drosselklappe halb öffnen und so den Motor bis zur Hälfte der Nenndrehzahl hochfahren. Ist die Hälfte des Drehzahlspektrums einmal erreicht, so wird die Drosselklappe sofort freigegeben, so dass der Motor in den Leerlauf zurück kehren kann. In dem Zeitraum zur Öffnung der Drosselklappe muss der Motor sauber und drehfreudig beschleunigen. Besteht dennoch an einer Stelle des Drehzahlbereichs ein Beschleunigungsloch, so wird dies spätestens beim Fahren des Motors unter Last eindeutig zu Tage treten. Ein zu rasches, d.h. schlagartiges Öffnen der Drosselklappe im unteren Drehzahlbereich insbesondere zwischen den Messpunkten 3 bis 5 der Düsennadel wird in fast allen Fällen eine leicht zögernde Gasannahme des Motors zur Folge haben, die konstruktiv aber auch gewollt ist. Man will so die von den Beschleunigerpumpen herkömmlicher Vergaser bekannte, übermäßige und schwallartige Zuteilung von Kraftstoff vermeiden, da sich die zu viel – weil zu schnell – zugeteilte Kraftstoffmenge in dem kurzen zur Verfügung stehenden Zeitraum nicht ordnungsgemäß mit der Ansaugluft vermengen kann.

Der SU-Vergaser vermeidet derartige Verschwendung und glänzt statt dessen mit ausgesprochener Wirtschaftlichkeit. In der Praxis macht selbst im Renneinsatz der Bruchteil einer Sekunde, die der Motor mit SU-Vergaser im unteren Drehzahlbereich später auf die schlagartige Fahrpedaleingabe reagiert, keinen Unterschied, zahlt sich aber auch hier durch Kraftstoffersparnis und Schonung des Motors aus. Denn im oberen Drehzahlbereich ab ca. dem 6. oder 7. Messpunkt des Düsennadelprofils reagiert auch ein Motor mit SU-Vergaser spontan auf eine schlagartige Bewegung des Gaspedals in Richtung Vollgasstellung.

Achtung! Während eine schlagartige Betätigung des Gaspedals bzw. der Drosselklappe dem

Motor keinen echten Schaden zufügen kann, so ist doch ein auch über kurze Zeitspannen andauerndes, freies Drehen des Motors im oberen Drehzahlbereich ohne Last nicht wünschenswert. Diese Situation kommt im Fahrbetrieb im Prinzip nicht vor und der Motor ist konstruktiv nicht dafür ausgelegt, lange ohne Last bei hohen Drehzahlen zu drehen. Derartige Maßnahmen sind für das Einstellen des SU-Vergasers auch nicht erforderlich.

Die letztendliche Überprüfung des Düsennadelprofils muss selbstverständlich unter Last erfolgen, was in der Praxis bedeutet, dass eine Probefahrt gemacht werden muss. Nur in seltenen Fällen wird ein Rollenprüfstand bzw. Dynamometer zur Verfügung stehen, an dem die angetriebene Achse einer Last ausgesetzt werden kann. Hierzu muss der Dämpfungsmechanismus des Saugkolbens intakt sein, d.h. ausreichend Öl muss aufgefüllt sein, an Mehrfachvergaseranlagen in gleicher Menge und von der gleichen Sorte. Ein Drehzahlmesser ist behilflich, um anhand der Drehzahl des Motors festzulegen, wo weiterhin ein Beschleunigungsloch besteht. Die Auslenkung des Saugkolbens ist direkt abhängig von den Unterdruckverhältnissen im Ansaugkanal stromaufwärts von der Drosselklappe und diese Unterdruckverhältnisse und somit auch die Stellung der Düsennadel unterscheiden sich je nach dem, ob Last anliegt oder nicht und wie viel Last anliegt. Je mehr ein Motor zum Beispiel unter Last einen Berg hinauf fährt, um so geringer wird selbst bei Vollgasstellung kraft der abnehmenden Drehzahl der Ansaugunterdruck stromaufwärts, d.h. vor der Drosselklappe – also jene Steuergröße, die die Auslenkung des Saugkolbens bestimmt und somit auch die Menge des zugeteilten Kraftstoffs. Wie bei jedem anderen Motor auch, muss dann durch Herunterschalten die Drehzahl des Motors erhöht werden, wodurch wiederum mehr Luft angesaugt werden kann und der Ansaugunterdruck vor der Drosselklappe wieder steigt, der Saugkolben weiter angehoben wird und die Düsennadel wieder die entsprechend der höheren Luftmenge größere Kraftstoffmenge zuteilen kann. Das bedeutet, dass bei hoher Motorlast aus der Drehzahl allein nicht direkt auf den Messpunkt des Düsennadelprofils zurückgeschlossen werden kann, der bei der selben Drehzahl ohne Motorlast laut Rundstablehre im Querschnitt der Düsennadel lag.

Es ist wichtig, das Gemisch entlang des gesamten Drehzahlspektrums so einzustellen, dass es weder zu mager, noch zu stark angereichert ist. **Achtung!** Ein zu mageres Gemisch verursacht auf Dauer einen Motorschaden. Das zu magere Gemisch zündet falsch und die Temperaturen im Verbrennungsraum steigen stark an. Das führt unter Umständen dazu, dass sich Teile des Gemischs an heißen Stellen des Verbrennungsraums selbst entzünden und dann als zweite Flammfront mit dem von der Zündkerze gezündeten Teil des Gemischs kollidieren, wodurch die Kolben, Lager und andere Bauteile des Motors extrem hohen Belastungen ausgesetzt werden. Denn der Kraftstoff dient auch der „Kühlung" des Verbrennungsraums von innen, da er bei seiner Verdampfung im Ansaug- und Verdichtungstakt Wärme aufnimmt. Wird zu wenig Kraftstoff zugeteilt, so überhitzt der Brennraum von innen. So absurd es klingen mag, läuft also ein Motor, dem weniger Brennstoff pro Arbeitstakt zugeführt wird, doch heißer – es wird mehr Wärme frei gesetzt – als ein Motor, dessen Gemisch exakt eingestellt ist. Ein zu mager laufender Motor erzeugt jedoch auch weniger Leistung, weil die zugeteilte Kraftstoffmenge nicht wirtschaftlich in mechanische Energie umgewandelt werden kann. Gleichfalls ist eine zu starke Anreicherung des Gemischs unbedingt zu vermeiden. Diese Anreicherung würde dem Effekt eines ständig gezogenen Chokes gleichkommen, d.h. es wird dauerhaft zu viel Kraftstoff zugeteilt. Ein Teil des Kraftstoffs kann dann nicht verdampfen, wird statt dessen an den Zylinderwänden niedergeschlagen, wäscht dort den Ölfilm ab und verringert so die wichtige Schmierung des Kolbens. Nachdem dieser überschüssige Kraftstoff in der Ölwanne angelangt ist, verdünnt er dort das den gesamten Motor schmierende Öl und führt dessen Schmierfähigkeit gegen Null. Hierin liegt auch der Grund, warum Fahrzeuge mit geringer Kilometerleistung, die immer Kurzstrecken gefahren sind, oft einen höheren Motorverschleiß

Standard Düsennadeln vom Rover V8

	KO	KL	BAC	BBG	BBV	BAK	BCP	BBU	BFW
1	0.099	0.099	0.099	0.099	0.099	0.099	0.099	0.099	0.099
2	0.095	0.095	0.095	0.095	0.095	0.095	0.095	0.095	0.0962
3	0.0925	0.0925	0.0932	0.0932	0.0932	0.0932	0.0929	0.0932	0.0939
4	0.0895	0.0895	0.0907	0.0905	0.0907	0.0907	0.0905	0.0907	0.0914
5	0.087	0.087	0.0875	0.0878	0.0875	0.0875	0.0881	0.0876	0.0887
6	0.085	0.085	0.0852	0.0852	0.0852	0.0852	0.0858	0.0859	0.086
7	0.0825	0.0832	0.0823	0.0829	0.0829	0.0823	0.0835	0.084	0.083
8	0.0795	0.0792	0.0763	0.0806	0.0805	0.0792	0.0804	0.0822	0.0799
9	0.0765	0.076	0.0703	0.0783	0.0773	0.076	0.0793	0.0805	0.0768
10	0.074	0.0729	0.0642	0.076	0.0742	0.0729	0.0781	0.0788	0.0736
11	0.0715	0.0697	0.058	0.0737	0.071	0.0697	0.0759	0.077	0.0705
12	0.069	0.0665	0.052	0.0713	0.0679	0.0665	0.0737	0.0752	0.0674

aufweisen, als jene mit mehreren 100.000 Autobahnkilometern. Der Wagen wurde auf den Kurzstrecken für einen hohen Prozentsatz der Gesamtfahrleistung immer mit dem sehr stark angereicherten Kaltstartgemisch gefahren, was in Extremfällen einer dauerhaften Überfettung des Gemischs mit einhergehendem potenziellen Motorschaden gleich kommt. Für ein zu stark angereichertes Gemisch gilt ebenfalls, dass es die Fahrleistungen beeinträchtigt und nicht steigert. Die Zufuhr von mehr Kraftstoff – d.h. zu viel Kraftstoff – bedeutet nicht automatisch mehr Motorleistung. Ein Motor mit zu fettem Gemisch beschleunigt träge und ist nicht drehzahlfreudig. Der CO-Tester sollte immer parat stehen, um damit den Grad der Anreicherung des Gemischs zu bestimmen. Gleichfalls gibt das Zündkerzenbild klaren Aufschluss darüber, ob ein Motor zu mager (grau-weiße Ablagerungen) oder zu fett (schwarz-nass-triefende Ablagerungen) gefahren wird.

Kaltstartanlage - Choke

Der SU-Vergaser verfügt an vielen Modellen über eine eigenwillige Bauart der Kaltstartanlage, die jedoch in ihrer Genialität den anderen Konstruktionsmerkmalen dieses Vergasers in nichts nachsteht. Die Anreicherung für das Kaltstartgemisch wird dadurch erreicht, dass die gesamte Düse in einem Düsenträger gelagert wird, der über den Chokezug abgesenkt werden kann. So liegt die Hauptdüse bei gezogenem Choke für den Kaltstart relativ zur Düsennadel tiefer, es kommt also beim Kaltstart schon das Profil bei höheren Messpunkten zum Tragen, mit einhergehender Anreicherung des Gemischs, ohne dass der Saugkolben hierfür vom Anschlag abgehoben werden müsste. Ist der Motor einmal warmgelaufen, muss der Chokezug, wie bei jedem anderen Motor auch, wieder in die Ausgangslage hinein gedrückt werden, um den Düsenträger mit der Hauptdüse wieder in exakt diejenige Position zu

Federbelastete Standard Düsennadeln vom Rover V8

	KO	KL
1	0.099	0.099
2	0.095	0.095
3	0.0926	0.923
4	0.0902	0.090
5	0.0879	0.087
6	0.0844	0.0832
7	0.0815	0.0792
8	0.0795	0.075
9	0.0775	0.0717
10	0.0755	0.0682
11	0.0735	0.0647
12	0.0716	0.061

bewegen, in der die Hauptdüse bei den Einstellarbeiten des Vergasers am Motor mit Betriebstemperatur stand. Schwankt die Position der Hauptdüse aufgrund eines Klemmens des Düsenträgers, so wird nie ein konstanter und stabiler Leerlauf erreicht werden bzw. der stabile Leerlauf wird sich nicht bei jedem erneuten Startvorgang nach dem Warmlaufen reproduzieren lassen. Kehrt der Düsenträger bei eingedrücktem Choke nicht immer in die selbe Lage zurück, so hat dies letztendlich Auswirkungen auf die Wirksamkeit des gesamten, mühsam ermittelten Düsennadelprofils, weil durch Festklemmen des Düsenträgers die Hauptdüse nie an der selben Stelle stehen bleibt und somit auch entlang des Drehzahlspektrums immer leicht abweichende Messpunkte je Drehzahl die Gemischzusammensetzung bestimmen. Abhilfe bringt oft schon eine günstig montierte Rückstellfeder am Betätigungshebel des Choke zum Düsenträger. Ebenfalls ist die sorgfältige Schmierung an allen Dreh- und Betätigungspunkten des Chokezugs mit penetrierenden Leichtölen (z.B. WD40) nicht zu vernachlässigen.

KAPITEL 9

Düsenbestückung an nicht serienmäßig mit SU-Vergasern ausgestatteten Motoren

Die im vorhergehenden Kapitel dargestellten Abbildungen gelten auch für dieses Kapitel.

Der Unterschied zwischen diesem und dem vorhergehenden Kapitel besteht in der Betrachtung der Düsennadel. Im Gegensatz zu serienmäßig verbauten SU-Vergasern muss an Fahrzeugen, die auf eine SU-Gemischbildungsanlage umgerüstet werden, meist an allen Messpunkten außer den Messpunkten 1 und 2 entlang des Düsennadelprofils eine Bearbeitung erfolgen. Da es sich um einen Motor handeln wird, der im SU-Tabellenbuch für Düsennadeln nicht namentlich aufgeführt ist, wird ein größerer Aufwand erforderlich sein, um das Idealprofil der Düsennadeln zu ermitteln.

Die meisten Probleme bei der Einstellung von SU-Vergasern an nicht ab Werk damit ausgerüsteten Motoren rühren von der Unwissenheit über die grundsätzliche Auswahl der Düsennadel her und der Art und Weise, wie diese zu bearbeiten ist. Auf Anhieb findet man vielleicht eine Düsennadel, die entlang 60 % des Drehzahlspektrums eine ordnungsgemäße Gemischbildung entsprechend dem Kraftstoffbedarf des Motors erzeugt, für den Rest gibt es aber Probleme. Der Motor dreht dann bruchstückhaft richtig entlang des Drehzahlspektrums, stottert jedoch an einigen Stellen dazwischen. D.h. es können Beschleunigungslöcher entlang des gesamten Drehzahlbereichs verteilt sein. An diesen Stellen wird meist eine zu magere Gemischzusammensetzung erzeugt, bisweilen erfolgt auch eine zu starke Anreicherung aufgrund eines zu schmalen Düsennadelprofils an dem betreffenden Messpunkt. Oft hört man von Fällen, wo aus Unzufriedenheit über diese der Bauart des SU-Vergasers an sich zugeschriebenen Mängel die Umrüstung aufgegeben wird und die Wahl auf einen anderen Vergasertyp fällt, dessen Einstellung man für leichter durchführbar hält. Eine solche Kehrtwendung ist wohl in keinem Fall gerechtfertigt. Die meisten SU-Vergaser benötigen nur Detailveränderungen, um dann die Gemischzusammensetzung einwandfrei an die Anforderungen des betreffenden Motors anzupassen. Während man bei anderen Vergaserbauarten bisweilen tief in die Tasche greifen muss, um diverse Bauteile auszutauschen und so an den Motor anzupassen, ist am SU-Vergaser nur der Austausch bzw. die Bearbeitung der Düsennadel erforderlich. Tatsächlich erfordern die Einstellarbeiten am SU-Vergaser zwar Zeit, Geduld und Geschick, kosten aber insgesamt wesentlich weniger als bei anderen Vergaserbauarten. Dabei wird ein ebenbürtiges, wenn nicht besseres Ergebnis erzielt. Darüber hinaus muss der Einstellvorgang nur einmal erfolgen, da sich die Düsennadel selbst im Betrieb weder verformen noch verziehen wird und auch keinem nennenswerten Verschleiß unterliegt.

Die nachstehenden Vorgehensweisen beziehen sich auf jeden Motor, ungeachtet seines Grades der Modifizierung und ungeachtet der Anzahl der in der Gemischbildungsanlage verwendeten Vergaser. Sie treffen ebenfalls für Motoren zu, die ab Werk mit SU-Vergasern ausgestattet wurden, beziehen sich aber auch auf jene Motoren, für die völlig neue Ansaugkrümmer angefertigt wurden, um SU-Vergaser an dem betreffenden Motor verwenden zu können. Es gibt praktisch keinen Motor, dem man mit einer SU-Vergaseranlage keine Höchstleistungen entlocken könnte.

Wie in vergangenen Kapiteln bereits angesprochen, ist die Dimensionierung des bzw. der Vergaser wichtig – ein zu großer Vergaserdurchmesser ist ebenso von Nachteil, wie ein zu kleiner, der den maximalen Luftdurchsatz begrenzt und so die Höchstdrehzahl des Motors herunter setzt. Bei den nachstehenden Vorgehensweisen wird somit voraus gesetzt, dass die Vergaser für den Luftdurchsatz des betreffenden Motors richtig dimensioniert sind (siehe Angaben zu Einlassdurchmesser in Relation zum Zylinderhubraum), dass die Ansaugkrümmer richtig dimensioniert sind und an die Einlasskanäle des Zylinderkopfes angepasst wurden (Ansaugkanal im Ansaugkrümmer etwas größer als Einlasskanal im Zylinderkopf), dass die Vergaser einer Mehrfachvergaseranlage im Leerlauf und aus dem Leerlauf heraus zueinander synchronisiert sind, dass alle Vergaser sich mechanisch in einem ausgezeichneten Zustand befinden und dass die Drosselklappen jedes Vergasers bei Vollgasstellung des Fahrpedals alle den gleichen, maximalen Anstellwinkel einnehmen.

Der Motor, an dem diese Vergaser angebaut sind, muss ebenfalls mechanisch in ausgezeichnetem Zustand sein, ebenso wie dessen elektrische Anlage, insbesondere die Zündanlage. Schlecht abdichtende Kolbenringe (wie z.B. gemeinhin an fabrikneuen oder generalüberholten Motoren während der ersten ca. 500 km anzutreffen) sowie mangelhaft abdichtende Ventile, werden sich merklich auf die Leistung auswirken und das optimale Einstellen des Vergasers vorerst unmöglich machen.

Kolbenfedern

In der Reihenfolge der Vergasereinstellung müssen zuerst die Kolbenfedern Beachtung finden. Die Kolbenfedern sind je nach Vergasertyp unterschiedlich ausgeführt und unterschiedlich stark. Das SU-Tabellenbuch führt die erhältlichen Federn nach deren Druckkraft je komprimierter Höhe auf. Die angegebene Maßeinheit ist die englische Unze (Ounce Avoirdupois x 28,3495 = Gramm). Die zu verwendende Kolbenfeder muss zuerst ausgewählt werden, da sich das Düsennadelprofil grundsätzlich nach ihren Eigenschaften richtet. Wie stark die dem Saugkolben von der Feder entgegen gesetzte Druckkraft sein soll, hängt auch vom Grad der Leistungssteigerung des Motors ab, außerdem von der angestrebten Wirtschaftlichkeit im Kraftstoffverbrauch. Als Faustregel kann man festlegen: Je stärker die Kolbenfeder, um so magerer kann die Düsennadel ausgelegt werden – innerhalb der Grenzen, die für die Sparsamkeit im Kraftstoffverbrauch förderlich sind und die Motorleistung nicht dezimieren. Die Drehfreudigkeit des Motors nimmt mit jeder stärkeren Stufe einer Kolbenfeder jedoch ab.

Im Umkehrschluss bedingt eine schwache, d.h. leichte Kolbenfeder eine filigranere Düsennadel, um so das Gemisch stärker anzureichern, wenn der Motor aufgrund der schwächeren Kolbenfeder schneller hochdreht. Dies wirkt sich allerdings etwas nachteilig auf den Kraftstoffverbrauch aus. So ist es möglich, einen SU-Vergaser auf den persönlichen Fahrstil eines Fahrers einzustellen: Der genügsame und sachliche Fahrer, den die Höchstleitung des Motors weniger interessiert als seine Verbrauchswerte, erfordert eine stärkere Kolbenfeder (8 oz), während der Fahrer, der „einen heißen Reifen" fährt, sich aber um den Kraftstoffverbrauch weniger Sorgen macht, eine eher schwächere Kolbenfeder benötigt (2,5 oz bis 4,5 oz). Als Grundregel ist für den Motorsport eher eine leichtere Kolbenfeder angemessen, für den Alltagsbetrieb auf der Straße eher eine stärkere Kolbenfeder. Für SU-Vergaser gibt es insgesamt 10 Kolbenfedern, die alle im SU-Tabellenbuch auf Seite 158 aufgeführt sind. Hier sind ebenso Angaben über die Stärke bei bestimmten komprimierten Höhen angegeben.

Bei der Erprobung der Kolbenfedern stellt man unter Umständen fest, dass nach mäßiger Beschleunigung des Motors im letzten, oberen Viertel des Drehzahlbereichs abrupt ein rasanteres Hochdrehen erfolgt. Dies weist auf eine zu starke Kolbenfeder hin, deren Fähigkeit Druck auszuüben nach einer bestimmten, geringsten Kompressionshöhe schlagartig nachlässt – und dies im Zusammenspiel mit einem etwas zu mager eingestellten Gemisch. Stellt man dieses fest, so ist als erster Schritt die Spannung der Kolbenfeder zu reduzieren, z.B. von 8 oz auf 4,5 oz. Oft ist die Farbkodierung der Feder abgewaschen, so dass deren Stärke auf der Waage gemessen werden muss. Siehe hierzu die ausführliche Anleitung im vorhergehenden Kapitel.

Leerlaufeinstellungen

Die von anderen Vergasern her bekannte „Düsenbestückung", d.h. die Auswahl von Düsen mit größeren oder kleineren Auslassöffnungen für den Kraftstoff, ist am SU-Vergaser hinfällig. Wie in vorhergehenden Kapiteln bereits dargelegt, ergibt sich die austretende Kraftstoffmenge aus dem Innendurchmesser der Düsenöffnung abzüglich der Querschnittsfläche, die von der konzentrisch in der Düse geführten Düsennadel eingenommen wird. Zur Einstellung des Gemischs wird nicht die Hauptdüse, d.h. die einzige Düse im Vergaser überhaupt, ausgetauscht, sondern das Profil der Düsennadel geändert bzw. anders gewählt.

In den für den Leerlauf entscheidenden Messpunkten 1 und 2, bisweilen auch bis Messpunkt 3, gleichen sich nahezu alle Düsennadeln. Da das erste Ziel bei der Vergasereinstellung darin liegen muss, den Motor im Leerlauf ruhig drehen zu lassen und auf Betriebstemperatur zu bringen, kann man in der Auswahl der Düsennadel für den Leerlauf nicht viel falsch machen. Fast alle für den entsprechenden Vergaser laut SU-Tabellenbuch angegebenen Düsennadeln ermöglichen ein Anlassen des Motors und ein Drehen im Leerlauf, von wo aus man die Einstellung in höheren Drehzahlen in Angriff nehmen kann. So haben zum Beispiel fast alle Düsennadeln vom Nenndurchmesser 0,090 Zoll am Messpunkt 1 einen Durchmesser von 0,089 Zoll und am Messpunkt 2 einen Durchmesser von 0,085. Bei Düsennadeln vom Nenndurchmesser 0,100 Zoll liegen die Werte meist bei 0,099 Zoll für Messpunkt 1 und 0,095 für Messpunkt 2. Alle Düsennadeln mit Nenndurchmesser 0,125 Zoll betragen am Messpunkt 1 0,124 Zoll und am Messpunkt 2 durchschnittlich 0,1205 Zoll. Die tatsächlichen Durchmesser an den betreffenden Messpunkten der im Vergaser vorhandenen Düsennadeln sollten für den entsprechenden Nenndurchmesser nicht maßgeblich von diesen Werten abweichen.

Den Leerlauf stellt man immer unter Beobachtung des CO-Wertes ein. Dieser Wert stellt den Anteil von Kohlendioxid im Abgas in % dar und ist ein direktes und exaktes Maß für die im Vergaser erzeugte Gemischzusammensetzung. Ein zu hoher CO-Wert weist auf eine zu starke Anreicherung des Gemischs hin. Ein CO-Wert gegen Null wäre wünschenswert, ist in der Praxis aber nur selten zu erreichen. Ein realistischer CO-Wert liegt zwischen 1,75 und 2,5 %. Das Leerlaufgemisch darf nicht zu mager eingestellt werden, aber auch nicht zu fett. Während an anderen Vergasern die Leerlaufgemisch-Einstellschraube verstellt wird, schraubt man am SU-Vergaser die Hauptdüse unterhalb der Oberkante des Brückenabschnitts im Venturirohr hinein. Eine Ausnahme bildet der SU-Vergaser vom Typ HIF, wo das Leerlaufgemisch ebenfalls über eine Schraube eingestellt wird. Bei gleicher Luftmenge wird durch Herunterschrauben der Düse dem Leerlaufgemisch mehr Kraftstoff zugeteilt, bis die höchstmögliche Motordrehzahl erreicht ist, ohne die Drosselklappe dabei zu betätigen.

Wird das Leerlaufgemisch zu stark angereichert, weil die Düse zu weit hinein gedreht wurde, so wird sie in entgegen gesetzter Richtung verstellt, bis der Motor im Leerlauf sauber dreht, ohne schwerfällig zu klingen. Bei dem Einstellvorgang ist es sinnvoll, die jeweils durchgeführten Gewindedrehungen der Düse zu notieren und den beobachteten Eigenschaften des Motorlaufs zuzuordnen. Anderenfalls verliert man schnell die Orientierung und muss von vorne anfangen. Die ideale Einstellung liegt auf halbem Wege zwischen einem schwerfällig klingenden und in der Drehzahl wieder abnehmenden Leerlauf (zu fett) und einem scharf klingenden und ggf. von Fehlzündungen begleiteten Leerlauf (zu mager). Fehlzündungen sind ein klares Anzeichen für ein zu mageres Gemisch. Die Düse in diesem Fall hinein drehen, bis die Fehlzündungen durch Anreicherung des Gemischs unterbunden werden. An Mehrfachvergaseranlagen muss jeder Vergaser im Leerlauf denselben Luftdurchsatz aufweisen. Sobald der Leerlauf sauber eingestellt wurde, wird die Einstellung der Hauptdüse nicht wieder verändert. Alle weiteren Maßnahmen zur Gemischanpassung erfolgen durch Bearbeitung oder Neuauswahl des Düsennadelprofils. Das bedeutet auch, dass die für den Leerlauf zuständigen Messpunkte 1 und 2 bei der Bearbeitung einer Düsennadel nicht berührt werden.

Wird die Auswahl und darauf folgende Bearbeitung einer Düsennadel erforderlich, die an bestimmten Messpunkten einen größeren Durchmesser erfordert als die vorhandene, so ist immer eine Düsennadel aus dem SU-Tabellenbuch auszuwählen, deren Durchmesser an den Messpunkten 1 und 2 mit den Werksvorgaben für den betreffenden Vergasertyp übereinstimmt.

Vor der Leerlaufeinstellung verdient die Zündanlage gebührende Beachtung. Der statische Zündzeitpunkt muss mindestens nach Werksangaben eingestellt sein, bei leistungsgesteigerten Motoren unter Umständen etwas weiter auf „Früh". Die Zündanlage muss einwandfrei funktionieren, damit Probleme der Zündanlage nicht ursächlich dem Vergaser zugeschrieben werden. Erst wenn der Motor im Leerlauf sauber dreht und an einer Mehrfachvergaseranlage die Drosselklappen beim Abheben vom Leerlaufanschlag alle denselben Anstellwinkel haben, kann die Einstellung des Vergasers über das Düsennadelprofil entlang des Drehzahlspektrums unternommen werden.

Düsennadelprofile

Für diesen nächsten Schritt ist es erforderlich, bei laufendem Motor die Stellung der Düsennadel entsprechend der Messpunkte ihres Profils zu bestimmen. Der jeweilige Messpunkt des Düsennadelprofils wird zu der Drehzahl, bei der dieser Messpunkt im Querschnitt der Düse wirksam ist, in Relation gesetzt. Hierzu fertigt man eine Lehre aus Kunststoffrohr oder Bambusrohr, wie im vorhergehenden Kapitel beschrieben. Die Lehre wird auf die obere Strinfläche des Saugkolbens im Dämpferrohr gestellt. Dies bedingt das Abschrauben des Ölverschlussdeckels am Unterdruckgehäuse und setzt somit auch die Dämpfungsfunktion des Saugkolbens außer Kraft. Das bedeutet, dass die nachfolgenden Einstellarbeiten eine sehr gefühlvolle Hand beim Gasgeben erfordern. Zu hastige Bewegungen der Drosselklappe erzeugen Symptome, die mit der Funktion des Vergasers im Betrieb, d.h. bei wirkendem Dämpfer, nicht überein stimmen. Das ist aber kein Nachteil, da man beim Einstellen eines Vergasers hastige Bewegungen ohnehin vermeiden sollte und eine exakte Beurteilung der Gemischzusammensetzung mit dem CO-Tester bei einer bestimmten Drehzahl nur möglich ist, wenn diese Drehzahl für wenigstens einige Sekunden gehalten wurde.

Diese Lehren aus Kunststoff- oder Bambusrohr ermöglichen eine exakte Beurteilung der Stellung des Saugkolbens. Als Bezugsgrößen werden die Messpunkte des Düsennadelprofils entlang einer Skala auf der Lehre angezeichnet. Hierbei entspricht die bei Stillstand des Motors auf die Lehre projizierte Oberkante des Unterdruckgehäuses theoretisch dem Messpunkt 1, d.h. dem Absatz der Düsennadel, der mit der unteren Stirnfläche des Saugkolbens bündig liegt. In der Praxis wird der Messpunkt 1 an einer Stelle angezeichnet, die um das Maß, um welches die Hauptdüse unter die Oberfläche des Brückenabschnitts im Venturirohr hinein geschraubt wurde, oberhalb der Oberkante des Unterdruckgehäuses liegt. In der Regel beträgt dieses Maß 0,5 mm bis 1,5 mm. Nach Anfertigen der Lehre darf also die Hauptdüse keinesfalls mehr verstellt werden. Anderenfalls muss eine neue Lehre angefertigt werden.

Das betreffende Maß wird mit einem Messschieber ermittelt, den man auf das Vergasergehäuse aufsetzt, nachdem das Unterdruckgehäuse mit der Kolbenbaugruppe entfernt wurde. Mit der Tiefenmessspitze wird der Abstand zwischen oberer Stirnseite der Hauptdüse und Oberfläche des Brückenabschnitts im Venturirohr gemessen. Diesem Wert muss noch die Stärke des Kunststoffanschlags an der unteren Stirnseite des Saugkolbens hinzugerechnet werden. Die Summe beider Abstandsmaße entspricht dem Abstand, um den der Messpunkt 1 auf der Lehre oberhalb der Oberkante des Unterdruckgehäuses angezeichnet werden muss. Die Skala muss nur so viele Messpunkte umfassen, wie im wirksamen Bereich der Düsennadel liegen. Jede Düsennadel ist länger als der erforderliche wirksame Bereich ihres Profils. Der Bereich unterhalb des wirksamen Bereichs bis zur Spitze hin dient nicht der Gemischbildung, sondern der Zentrierung der Nadel in der Düse.

Mit steigendem Saugkolben steigt auch die Lehre auf, wobei der zur Zeit wirksame Messpunkt immer in Bezug zur Oberkante des Unterdruckgehäuses abgelesen wird. Bei einer Mehrfachvergaseranlage müssen alle Vergaser eine exakt identische Lehre erhalten, um so die Stellung der Saugkolben vergleichen zu können. Für den Ablauf der Vergasereinstellung ist es wichtig, die Funktion des Saugkolbens mit seinem Dämpfungsmechanismus zu verstehen. Anders als bei herkömmlichen Vergasern, hängt die dem Vergaser zugeführte Luftmenge nur in zweiter Ordnung von der Stellung der Drosselklappe ab, in erster Ordnung jedoch von der Stellung des Saugkolbens. Läuft der Motor ohne Last, wie bei der Vergasereinstellung am stehenden Fahrzeug üblich, so steht die Stellung des Saugkolbens in direktem Zusammenhang mit der Stellung der Drosselklappe und der Motordrehzahl. Das liegt daran, weil ohne Last ausschließlich der Anstellwinkel der Drosselklappe und die bei der betreffenden Drehzahl angesaugte Luftmenge für die Sogwirkung, die den Saugkolben steigen lässt, verantwortlich sind. Fährt der Motor unter Last, so ändern sich die auf den Saugkolben wirkenden Unterdruckverhältnisse je nach Lastzustand, obwohl Drosselklappenstellung und/oder Drehzahl ebenso liegen mögen, wie beim Drehen des Motors ohne Last.

Die tatsächlich vorliegenden Unterdruckverhältnisse stromaufwärts von der Drosselklappe bestimmen jedoch wiederum die Stellung des Saugkolbens, der vor der Drosselklappe die angesaugte Luftmenge begrenzt. Hieraus ergibt sich die inhärente „Trägheit“ des SU-Vergasers, weil es dem Anschein nach länger als bei herkömmlichen Vergasern dauert, um die Strömungsverhältnisse wieder so einpendeln zu lassen, dass z.B. bei rascher Öffnung der Drosselklappe auch der Saugkolben schnell ansteigt. Diese Eigenschaft ist jedoch gewollt, da so eine gleichmäßigere Anpassung des Gemischs an die Drehzahl und den Lastzustand möglich wird und der Kraftstoff beim Lastwechsel zu höherer Leistung nicht schwallartig – und somit verschwenderisch – aus der Düse austreten muss, um einen ruhigen Motorlauf weiterhin zu gewährleisten. Das würde er auch nicht, denn eine derartig schlagartige Anpassung der Strömungsverhältnisse ist nicht möglich, sie würde eine kurzzeitige Abmagerung des Gemischs mit sich bringen und somit eine „künstliche“ Zuteilung zusätzlichen Kraftstoffs erfordern. An herkömmlichen Vergasern erfolgt dies über die verschwenderische Beschleunigerpumpe – künstlich, weil die Kraftstoffbeimengung nicht in direkter Relation zum Luftdurchsatz des Vergasers steht, sondern nur über das rasche Durchtreten des Gaspedals erfolgt, wann immer es dem Fahrer eben danach dünkt. Durch die Rückkopplung der Drosselklappenstellung über den Saugkolben wird am SU-Vergaser quasi der Übermut eines Fahrers gedämpft, der gerne schlagartig das Gaspedal durchtritt und so selbst einen ordnungsgemäß eingestellten Motor fast abwürgt. An herkömmlichen Vergasern wirkt man diesem Effekt mit einer Beschleunigerpumpe entgegen. Ein derartiges Konstruktionsmerkmal ist dem SU-Vergaser völlig fremd, statt dessen hat er noch zusätzliche Einrichtungen, um das rasche Ansteigen des Saugkolbens mit der Düsennadel im Betrieb zu verhindern, nämlich die Kolbenfeder und die Öldämpfung.

Die Einstellung des SU-Vergasers über sein Düsennadelprofil erfolgt daher in mehreren Schritten. Zuerst wird ohne Last und ohne Öldämpfung des Saugkolbens das Profil der Düsennadel an jedem Messpunkt ihres wirksamen Bereichs festgelegt. Das Ziel ist es, zuerst einmal einen sauber durch das Drehzahlspektrum drehenden Motor zu erhalten, ohne dass das Fahrzeug unter Last fährt. Hierfür sind die Lehren aus Kunststoffrohr oder Bambus praktisch unerlässlich, so dass man deshalb einen zweiten Einstellvorgang in Kauf nimmt, bei dem die Lehre dann nicht mehr verwendet wird, dafür aber die Öldämpfung des Kolbens wirkt. Während beim ersten Einstellvorgang mit Lehre der erforderliche Durchmesser an jedem einzelnen Messpunkt entlang des Düsennadelprofils ermittelt wird, konzentriert man sich beim zweiten Einstellvorgang ohne Lehre, aber mit Öldämpfung, eher auf die gleichmäßige Reduzierung aller Durchmesser entlang des Düsennadelprofils. Grundsätzlich gilt, dass der numerisch nächsthöhere Messpunkt immer einen geringeren Durchmesser haben muss, als der vorhergehende. Stellt man also an einem Messpunkt fest, dass eine Reduzierung des Durchmessers um ein gewisses Maß erforderlich ist, um die Gemischeinstellung zu korrigieren, so müssen die Durchmesser an allen numerisch höher liegenden Messpunkten um dasselbe Maß reduziert werden. Der Unterschied im Durchmesser von einem Messpunkt zum nächsten muss mindestens 0,025 mm betragen.

Je größer der Vergaser, um so mehr unterscheiden sich auch die Durchmesser von Messpunkt zu Messpunkt. Bei der Gemischeinstellung konzentriert man sich auf den wirksamen Bereich des Düsennadelprofils oberhalb des Messpunktes 2. Im Leerlaufbereich sollten keine tiefgreifenden Änderungen an der Düsennadel vorgenommen werden. Eine zögernde Gasannahme des Motors aus dem Leerlauf heraus zeigt sich selten im Betrieb. In den Teillastbereich hinein und darüber hinaus muss jedoch auch das geringfügigste Zögern des Motors durch Reduzierung des Durchmessers der Düsennadel an der betreffenden Stelle der Messpunktskala ausgeglichen werden. Eine zögernde Gasannahme beim Drehen des Motors ohne Last wird sich ohne Zweifel als Beschleunigungsloch im Betrieb auf der Straße zeigen. Bei dem ersten Einstellvorgang mit Lehre, aber ohne Dämpfung, geht man bis zur Hälfte des Drehzahlspektrums, d.h. die Drosselklappe wird nie bis in die Vollgasstellung geöffnet und sie wird auch nur sehr langsam betätigt. Vom numerisch niedrigen Messpunkt beginnend wird jeder Messpunkt so bearbeitet, dass der Motor sauber aus dem Leerlauf hochdreht, ohne jemals zu stottern oder das Gas nicht gleich anzunehmen. Alle numerisch höher liegenden Messpunkte bis zur Spitze der Nadel hin werden dann um dasselbe Maß im Durchmesser verringert.

Achtung! Während eine schlagartige Betätigung des Gaspedals bzw. der Drosselklappe dem Motor keinen echten Schaden zufügen kann, so ist doch ein auch über kurze Zeitspannen andauerndes, freies Drehen des Motors im oberen Drehzahlbereich ohne Last nicht wünschenswert. Diese Situation kommt im Fahrbetrieb im Prinzip nicht vor und der Motor ist konstruktiv nicht dafür ausgelegt, lange ohne Last bei hohen Drehzahlen zu drehen. Derartige Maßnahmen sind für das Einstellen des SU-Vergasers auch nicht erforderlich.

Beim zweiten Einstellvorgang ist nun der Dämpfungsmechanismus wirksam und die Drosselklappe wird viel rascher betätigt. Sie wird nicht schlagartig geöffnet, doch aber sehr zügig, z.B. aus dem Handgelenk heraus. Nicht nur jeder einzelne Messpunkt entlang der Skala des Düsennadelprofils wird jetzt beurteilt, sondern insbesondere die Stärke der Düsennadel als Ganzes. Wieder betrachtet man nur die erste Hälfte des Drehzahlspektrums vom Leerlauf bis zur Halbgasstellung. Der Vorgang ist recht zeitaufwendig, da jedes Mal nur sehr wenig Material von der Düsennadel wegpoliert werden darf, bevor diese erneut getestet wird. Der Durchmesser darf nicht zu klein werden, was die Verwendung einer völlig neuen Düsennadel erfordern würde. Ein zu kleiner Durchmesser macht sich durch eine zu starke Anreicherung des Gemischs am CO-Tester bemerkbar.

Die Erfahrung zeigt, dass, wenn sich der Motor mit wirksamem Dämpfungsmechanismus am Vergaser binnen einer Sekunde aus dem Leerlauf auf Halbgas hochdrehen lässt, er auch für den Betrieb unter Last geeignet ist. Hat man diesen ruhigen, sauberen Lauf des Motors bis zum Halbgas erreicht, so wird die Düsennadel erneut ausgebaut und die oberhalb liegenden Messpunkte bis zum Vollgas werden alle daraufhin überprüft, ob sie jeweils um mindestens 0,025 mm kleiner sind als der letzte bearbeitete Messpunkt. Zur Überprüfung der Gemischeinstellung im oberen Drehzahlbereich bis zur Vollgasstellung wird die Drosselklappe diesmal schlagartig auf ca. 3/4-Gas geöffnet – nicht bis zum Vollgas. Man sollte dem Motor diesen Gewaltmarsch durch das Drehzahlspektrum nicht öfter als unbedingt erforderlich zumuten, er ist hier jedoch erforderlich, um die korrekte Gemischeinstellung zu prüfen. Die Vollgasstellung sollte hierbei nie erreicht werden. Binnen einer halben Sekunde sollte der Motor sauber aus der Halbgasstellung hochdrehen. Der Motor darf nicht schlagartig bis zur Volllast beschleunigt werden – dies könnte einen Motorschaden nach sich ziehen. Ist diese Prüfung erfolgreich, so kann man davon ausgehen, dass das Gemisch auch im oberen Drehzahlbereich und unter Last richtig eingestellt ist. Neben der Beurteilung des CO-Wertes sollte man sich hier auf den Motorklang verlassen. Ein zu mageres Gemisch erzeugt in höheren Drehzahlen einen unsauberen Motorlauf. Ein zu fett eingestelltes Gemisch lässt den Motor zwar hochdrehen, doch er klingt schwerfällig. Ein exakt eingestelltes Gemisch erlaubt ein sauberes, spritziges Hochdrehen in den oberen Drehzahlbereich ohne das geringste Anzeichen einer zögernden Gasannahme.

Nach Abschluss dieser Einstellarbeiten ist der Wagen grundsätzlich einsatzbereit, so dass eine Feinabstimmung aufgrund der bei Probefahrten oder auf dem Rollenprüfstand gemachten Erfahrungen erfolgen kann. Es ist zwar selten, aber durchaus möglich, dass sich jetzt im Betrieb auf der Straße doch noch ein Beschleunigungsloch zeigt, das durch Bearbeiten der Düsennadel beseitigt werden muss.

Achtung! Die Probefahrt darf auf keinen Fall mit einem zu mager eingestellten Gemisch erfolgen, da sonst ein Motorschaden droht. Dies betrifft insbesondere den oberen Drehzahlbereich. Bei Vollgasstellung ist ein CO-Wert von 5 % durchaus angemessen.

Zur Überprüfung der Gemischeinstellung kann man ebenfalls auf das Zündkerzenbild zurück greifen. Der Wagen wird für ca. 2 km bei Vollgas im höchsten Gang gefahren, dann sofort ausgeschaltet. Die Zündkerzen werden heraus geschraubt und das Zündkerzenbild untersucht. Ein weißer Isolator weist auf ein mageres Gemisch hin, ein rehbrauner Isolator auf ein richtig eingestelltes Gemisch. Schwarze, rußige oder gar nass-triefende Zündkerzen deuten auf eine zu starke Anreicherung des Gemischs hin. Oft ist es günstig, die Einstellarbeiten nicht nur an einer Düsennadel durchzuführen, sondern an mehreren Düsennadeln parallel. So ist es möglich, mit einer „fetter" eingestellten Nadel Probeläufe durchzuführen, ohne die mühsam erarbeitete Originalnadel unter Umständen für den Versuch „opfern" zu müssen. Die Probefahrt findet jeweils bei Halbgas bis Vollgas im höchsten Gang statt, wobei zuerst die dünneren Düsennadeln geprüft werden, um sich so von einem angereicherten Gemisch einer sinnvollen Abmagerung anzunähern. Die mager eingestellte Düsennadel sollte nicht zuerst geprüft werden. Erst wenn fest steht, dass das Gemisch korrekt eingestellt ist, kann man derartige Probeläufe in höheren Drehzahlen bzw. bei Volllast wagen. Die unbeabsichtigte Verwendung einer zu fett eingestellten Nadel ist hier weniger nachteilig als der Einsatz einer zu mager eingestellten.

Die Unterschiede im Durchmesser der Düsennadel können zwischen „fett" und „mager" sehr geringfügig sein, d.h. 0,025 bis 0,05 mm an den numerisch höheren Messpunkten. Fährt man den Motor mit Vollgas, so wird sich die bessere Düsennadel deutlich in höherer Motorleistung bzw. Höchstgeschwindigkeit bemerkbar machen. Im harten Einsatz zeigt sich auch ganz deutlich, ob der Motor zu fett eingestellt ist. Innen tiefschwarze Auspuffendrohre sind ein klares Anzeichen für eine zu starke Gemischanreicherung, wie selbstverständlich auch schwarzer Rauch im Abgas. Das Endrohr sollte von innen dunkelgrau aussehen. Über jeden Zweifel erhaben ist das Zündkerzenbild, sofern der Motor mechanisch in Ordnung ist. Bei den Einstellarbeiten ist es sehr wichtig, die Ergebnisse der Probeläufe in Bezug auf die jeweils wirksamen Messpunkte exakt aufzuzeichnen. Hierzu sind Diagramme, die die Messpunkte entlang der Düsennadel darstellen, sehr hilfreich.

KAPITEL 10

Umbauten für den Motorsporteinsatz

Die Ausführungen in diesem Buch befassten sich bisher mit Vergasern, wie sie aus der Serie geliefert wurden und mit Düsennadeln und Kolbenfedern, wie sie ab Werk von SU bzw. dem heutigen Lizenznehmer Burlen Fuel Systems erhältlich sind. Dieses Kapitel richtet sich an all jene, die aus ihrem Vergaser noch mehr heraus holen wollen, als durch den bloßen Austausch bzw. Bearbeitung von Düsennadeln und Kolbenfedern möglich ist. Die hier angegebenen Änderungen am SU-Vergaser eignen sich insbesondere für den Einsatz im Motorsport. So wird die Drehfreudigkeit und je nach Rahmenbedingungen auch die Höchstleistung des Motors durch die Bearbeitung der Drosselklappenwelle verbessert. Durch die Bearbeitung der Drosselklappenwelle wird die resultierende, offene Querschnittsfläche am Vergasereinlass bei Vollgasstellung größer, so dass effektiv ein höherer Luftdurchsatz erfolgen kann. Das Glätten der Drosselklappenoberfläche begünstigt außerdem die Strömungsverhältnisse im Vergasereinlassrohr und wirkt sich bei fast allen Drehzahlen aus. Es strömt mehr Luft durch den Vergaser und außerdem erfährt die Luft beim Durchströmen weniger Widerstand.

Aufgrund des zu erwartenden Arbeitsaufwands sollten die Drosselklappenwellen aber vorerst unbehandelt bleiben, diese können bei Bedarf später immer noch bearbeitet werden. Wird die Abänderung der Drosselklappenwellen dennoch unternommen und eine Durchführung der Arbeiten führt nicht zum Erfolg, so wird im schlimmsten Fall der Kauf eines neuen Teilesatzes für Drosselklappenwellen erforderlich. Die in diesem Kapitel dargelegten Änderungen am SU-Vergaser erhöhen dessen Leistungspotenzial, führen aber höchstwahrscheinlich auch dazu, dass der damit ausgestattete Motor mehr Kraftstoff verbraucht. Der Anstieg im Kraftstoffverbrauch kann 30 % und mehr betragen und die Leerlaufeigenschaften werden bisweilen beeinträchtigt. Realistisch betrachtet sind diese Änderungen und Umbauten wirklich nur für den Renneinsatz geeignet, lassen sich aber natürlich auch an Straßenfahrzeugen durchführen. In letzterem Anwendungsfall muss man auf jeden Fall Abstriche bei der Sparsamkeit im Kraftstoffverbrauch machen und auch mangelhafte Abgaswerte in Kauf nehmen.

Die hier dargelegten Änderungen sind ebenso für Mehrfachvergaseranlagen geeignet und müssen dann selbstverständlich an allen Vergasern in exakt derselben Art und Weise durchgeführt werden. In vielen Fällen sind die erzielten Ergebnisse der Installation einer Gemischbildungsanlage der Bauart Weber oder Dellorto ebenbürtig. Der SU-Vergaser ist insbesondere für seine Wirtschaftlichkeit bekannt und die hier gezeigten Umbauten und Änderungen führen zu Abstrichen in dieser Eigenschaft, maximieren dafür aber das Leistungspotenzial. Neben der Sparsamkeit im Kraftstoffverbrauch leidet auch das Betriebsverhalten im unteren Drehzahlbereich etwas unter diesen Änderungen. Diejenigen Änderungen, die für die genannte Beeinträchtigung im Alltagsbetrieb verantwortlich sind, lassen sich jedoch in wenigen Handgriffen zurückbauen. Das bedeutet, dass ein Fahrzeug für den Motorsporteinsatz auf der Straße zur Rennstrecke gefahren werden kann, dort in die hochgezüchtete Form umgebaut und nach Ende der Veranstaltung wieder zurückgebaut wird, um es mit vertretbarem

Drosselklappenwelle des SU-Vergasers in serienmäßigem Zustand.

Im Querschnitt verringerte Drosselklappenwelle eines SU-Vergasers. Die serienmäßigen Schrauben zur Drosselklappenbefestigung sind eingeschraubt und können dann abgeschliffen werden.

Kraftstoffverbrauch wieder in den heimatlichen Stall zu bewegen. Der Hauptgrund für das schlechte Image des SU-Vergasers in Motorsportkreisen liegt in seiner Konstruktion begründet, die auf Wirtschaftlichkeit und Bedienungstoleranz des Fahrers ausgelegt ist. Aufgrund der dem SU-Vergaser eigenen Konstruktionsmerkmale erfolgt bei schlagartigem Durchtreten des Gaspedals kein quasi ungestümes Aufbäumen und Lospreschen des Motors, sondern ein sauberes Hochdrehen unter exakter Einhaltung der Gemischzusammensetzung.

Dieses Hochdrehen muss mit einer geringen Verzögerung zur Eingabe des Fahrers erfolgen, weil sich die Strömungsverhältnisse ohnehin bei schlagartiger Änderung des Drosselklappenanstellwinkels nicht so rasch ändern können, dass das konstante Verhältnis von angesaugter Luftmenge und daraufhin zugeteiltem Kraftstoff bestehen bleibt. An anderen Vergasern wird die aus einer raschen Gaspedalbetätigung resultierende, kurzzeitige Abmagerung durch die Funktion der Beschleunigerpumpe „übertüncht" und um am SU-Vergaser denselben Effekt zu erzielen, muss der Saugkolben wesentlich schneller ansteigen können, als es ihm die konstruktionsimmanent vorhandene Kolbenfeder und Öldämpfung ermöglichen. Daraufhin muss auch die Kraftstoffzuteilung entsprechend der Wirkung einer Beschleunigerpumpe bei rascher Betätigung des Gaspedals stark erhöht werden. Im Regelfall wird die Düsennadel in ihrem Profil einer bestimmten Kolbenfederstärke angepasst, ein Faktor, der bei dem Umbau für eine schlagartige Beschleunigung des Motors nicht bestimmend wirkt.

Im Betrieb auf der Straße ist die leicht verzögerte Reaktion auf die Gaspedalbetätigung, wie sie für SU-Vergaser typisch ist, kaum bemerkbar. Im Renneinsatz jedoch schon, wenn der SU-Vergaser nicht verändert wurde und die Konkurrenz z.B. Vergaser der Bauart Weber oder Dellorto fährt. Die Beurteilung des SU-Vergasers im Vergleich zu anderen üblicherweise an Hochleistungsmotoren verwendeten Vergasern fällt jedoch gänzlich anders aus, wenn die notwendigen Änderungen am Vergaser vorgenommen werden. Der SU-Vergaser wandelt sich dann in eine Hochleistungs-Gemischbildungsanlage, die vor allen Dingen aufgrund ihrer Einhaltung eines konstanten Mischungsverhältnisses einem Motor

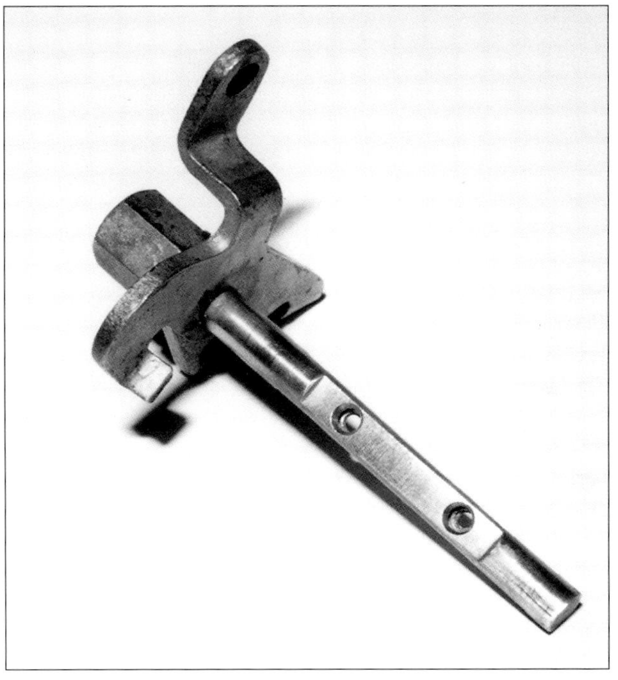

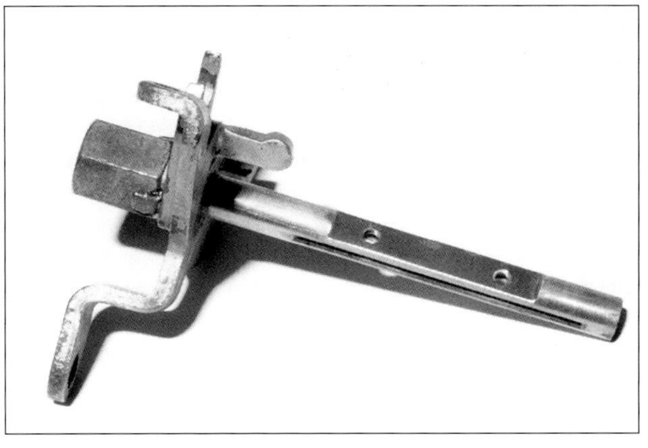

Beide Seiten der Drosselklappenwelle werden reduziert, nicht nur eine.

Die abgeflachte Drosselklappenwelle nach Abschleifen der Schrauben und Verlöten der Drosselklappenwelle (siehe Text).

ungeahnte Fahrleistungen entlocken kann. Die wichtigste Änderung, um dies zu erreichen, besteht in dem Entfernen der Kolbenfeder und des Dämpferöls.

Änderungen und Umbauten

Die grundsätzlich möglichen Änderungen sind die Abflachung und somit stromlinienförmige Gestaltung der Drosselklappe und Drosselklappenwelle, das Entfernen der Kolbenfeder aus dem Unterdruckgehäuse und das Weglassen des Dämpferöls im Dämpfungsmechanismus des Saugkolbens. Um einen derartig veränderten SU-Vergaser richtig arbeiten zu lassen, muss in jedem Fall eine andere, maßgeschneiderte Düsennadel verwendet werden. Düsennadelprofile für derartig modifizierte Vergaser sind ab Werk nicht verfügbar. Der Querschnitt der Drosselklappenwelle bei Vollgasbetätigung kann um ca. 40 % reduziert werden. Die ursprünglich vorhandenen Schrauben zur Befestigung der Drosselklappe können wieder eingesetzt, festgezogen und dann oben und unten bündig bis auf die Oberfläche der Drosselklappenwelle abgeschliffen werden. Zur verdrehsicheren Befestigung der Schrauben sollten diese verlötet werden. Am besten, man verwendet eine Lötpaste, mit der die Schrauben vor dem Eindrehen bestrichen werden. Nach dem Festdrehen werden die abgeschliffenen Schraubenköpfe kurz mit dem Lötbrenner erhitzt, bis das Lot aus der Lötpaste herausgelöst wurde und mit dem umgebenden Messing eine stoffschlüssige Verbindung eingegangen ist.

Achtung! Schraubensicherungsmittel allein ist für die Sicherung der Schrauben zur Befestigung der Drosselklappe ungeeignet, da die Befestigung der Drosselklappe direkt im Ansaugluftstrom beträchtlichen Kräften, Vibrationen und auch der Einwirkung von Benzin ausgesetzt ist.

Während es an den SU-Vergasern aus der Serie

SU-Vergaser vom Typ HIF44 mit einer abgeflachten Drosselklappenwelle in Vollgasstellung.

Die Schrauben wurden in der Drosselklappenwelle dieses HIF44 unter Verwendung von Lötpaste verlötet.

wahlweise möglich ist, eine Düsennadel auszutauschen oder zu modifizieren, ist eine Sonderanfertigung der Düsennadel für derartig leistungsgesteigerte Vergaser fast unerlässlich. Nur in den seltensten Fällen wird sich zufällig ein ab Werk gefertigtes Düsennadelprofil finden, das den Anforderungen des modifizierten Vergasers am betreffenden Motor genügt. An Motoren mit kleinerem Hubraum ist die Wahrscheinlichkeit, dass man auf ein ab Werk gefertigtes Düsennadelprofil zurück greifen kann, größer. Da die Düsennadel zum Zwecke der Leistungssteigerung eine stärkere Anreicherung des Gemischs erzeugen muss, ist die Auswahl hierfür potenziell geeigneter Düsennadeln aus Serienvergasern an großvolumigen Motoren wesentlich vielfältiger. Im Normalfall, d.h. bei Verwendung einer serienmäßigen Nadel, würde der Motor überhaupt nicht beschleunigen, wenn die Kolbenfeder fehlt und die Öldämpfung unwirksam ist. Das heißt, der Motor würde überhaupt nicht laufen. Der Saugkolben würde aus dem Leerlauf heraus schlagartig in die Vollgasstellung ausgelenkt, ohne dass eine ausreichende Luftmenge angesaugt wird, um den Kraftstoff in erforderlicher Menge aus der Düse austreten zu lassen. Das Düsennadelprofil kann jedoch angepasst werden, um diese Situation zu kompensieren. Das Ergebnis ist eine leichte Überfettung im unteren Drehzahlbereich, die jedoch bei anderen Vergasern in frisierter Form ebenfalls auftritt und für den Motorsporteinsatz unerheblich ist. Das Mischungsverhältnis beträgt im gesamten Drehzahlbereich zwischen 11,8:1 und 12,5:1, was einem CO-Wert von gut 5 % entspricht. Dieser CO-Wert ist für das unter Volllast erzeugte Gemisch typisch und akzeptabel. Das Beschleunigen aus dem Leerlauf heraus kann trotzdem zögerlich erfolgen, so dass eine weitere Überfettung im Übergang vom Leerlauf in den Teillastbereich erforderlich wird. Dieser Drehzahlbereich wird im Renneinsatz selten ausgenutzt, sollte dann aber auch gemieden werden. Lässt man den Motor lange im Leerlauf drehen oder fährt etwas über Schrittgeschwindigkeit, so wird sich das in nasstriefenden Zündkerzen zeigen, die dann das Betriebsverhalten insgesamt beeinträchtigen können.

Sofern sich die Schwierigkeiten beim Beschleunigen aus dem Leerlauf heraus ohne jegliche Kolbendämpfung als unüberwindlich darstellen, kann eine Kolbenfeder sehr geringer Stärke eingebaut werden. Man nimmt hierzu eine Kolbenfeder der Stärke 2,5 oz und kürzt sie im entlasteten Zustand um ca. 38 mm. Das Ergebnis ist eine Kolbenfeder mit der Stärke von nur 1 oz, d.h. einer Druckkraft von ca. 28 Gramm. Alternativ kann man die minimale Kolbendämpfung auch durch Beigeben von sehr leichtem Maschinenöl in den Kolbendämpfungsmechanismus erreichen. Es müssen beide Methoden am Objekt geprüft werden, um die Eignung für den betreffenden Anwendungsbereich zu ermitteln.

An den beiden Stirnflächen 1,5 mm bis zu 2,5 mm abtragen.

Änderung der Entlüftungsbohrung am Unterdruckgehäuse

Die Entlüftungsbohrung oben im Unterdruckgehäuse hat einen Durchmesser von ca. 1 mm, der für einen SU-Vergaser mit Kolbenfeder und Öldämpfung immer ausreichend ist. Wird der Vergaser wie beschrieben umgebaut, so kann diese Bohrung bei extrem starker Beschleunigung für ein leichtes Stottern des Motors verantwortlich sein. Abhilfe schafft das Aufbohren auf ca. 3 mm Durchmesser. Dadurch kann der Saugkolben noch schneller aufsteigen, weil die Luft schneller aus der Unterdruckkammer heraus gedrückt werden kann. Stellt sich nach dem Aufbohren keine Besserung des Beschleunigungsverhaltens ein, so muss der Deckel des Unterdruckgehäuses, in dem sich die Bohrung befindet, nicht erneuert werden. Eine aufgebohrte Entlüftungsbohrung kann sich nicht nachteilig auf das Betriebsverhalten des Motors auswirken.

Lufttrichter und Luftfilter

Vielerorts sieht man Hochleistungsmotoren, die am Vergasereinlass mit Lufttrichtern ausgestattet sind, durch die dann völlig ungefilterte Luft von der teuren Maschinerie angesaugt wird. Das mag sehr sportlich aussehen, in der Praxis erweist sich die ab Werk installierte Luftfilteranlage mit Papierfiltereinsatz jedoch auch für Hochleistungsmotoren als ausreichend. In den meisten Fällen erfolgen weder im unteren Drehzahlbereich noch bei Teillast und auch nicht bei der Entwicklung der maximalen Motorleistung irgend welche Beeinträchtigungen des Luftdurchsatzes. Über die Optik mag man streiten, im Preis sind die werksseitig eingebauten Luftfilteranlagen jedoch unschlagbar, weil bereits vorhanden.
Zieht man dennoch eine Modifizierung der Luftfilteranlage in Betracht, zum Beispiel im Falle einer Umrüstung auf eine SU-Mehrfachvergaseranlage, so sollte ein möglichst großer Papierfiltereinsatz verwendet werden. Kein Motor verliert an Leistung, wenn dem Vergasereinlass ein Papierfilterelement von guter Qualität vorgeschaltet ist. Der Leistungsverlust erfolgt aber dann, wenn ein zu kleiner Filtereinsatz verwendet wird oder der Filter verdreckt ist. Natürlich ist es möglich, dass die ab Werk eingebaute Luftfilteranlage in Extremfällen doch an der oberen Drehzahlgrenze zu wenig Luft durchlässt. Zur Überprüfung eines

Die Dichtscheibe aus Presspapier hat eine Stärke von 0,5 mm. Falls erforderlich können zwei Dichtscheiben verwendet werden. Die Dichtscheibe wird über das mittlere Rohrstück (Pfeil) geschoben, um dessen Stellweg nach oben zu begrenzen.

derartigen Verdachts lässt man den Motor für möglichst kurze Zeit ohne Luftfilter laufen. Erfolgt hierbei eine Leistungssteigerung, so muss eine größere Luftfilteranlage verwendet werden. Nach einem Umbau auf eine andere Luftfilteranlage ist unter Umständen eine Überarbeitung des Düsennadelprofils erforderlich.

Stellweg des Kolbens am SU-Vergaser der Größe 1 1/4 Zoll

Der SU-Vergaser der Größe 1 1/4 Zoll ist konstruktiv mit einer Begrenzung des Stellwegs für den Saugkolben versehen, die bewirkt, dass der Saugkolben den Vergasereinlass nie ganz freigibt. Der Saugkolben müsste weitere 2,5 mm steigen, um völlig aus der Querschnittsfläche des Vergasereinlasses zu verschwinden. Diese Begrenzung kann man durch Abdrehen von Material auf der Drehbank am inneren Vorsprung des Unterdruckgehäuses und unten am Rohrstück des Saugkolbens verringern oder ganz aufheben. Im Extremfall kann ein SU-Vergaser der Größe 1 1/4 Zoll dann nahezu den gleichen Luftdurchsatz eines SU-Vergasers der Größe 1 1/2 Zoll aufweisen. An beiden Stirnflächen muss jeweils um das gleiche Maß abgedreht werden, mindestens 1,5 mm, besser jedoch bis zu 2,5 mm. In letzterem Fall würde der Saugkolben dann weitere 2,5 mm über die werksseitige Begrenzung steigen können.

Man sollte sich schrittweise an das erforderliche Maß der Verringerung der Begrenzung herantasten, d.h. erst auf 1,5 mm, dann auf 2 mm abdrehen und zwischendurch immer Probeläufe durchführen. Stellt sich heraus, dass zu viel Material abgedreht wurde, so kann ein Ausgleich durch Zwischenlegen von Dichtscheiben aus Presspapier erfolgen, die in einer Stärke von 0,5 mm erhältlich sind.

Stellweg des Kolbens am SU-Vergaser der Größe 1 1/4 Zoll

Zum Anlassen des Motors muss die Kaltstartanlage funktionieren. Der SU-Vergaser verfügt über einen Kaltstartmechanismus, der gleichzeitig die Drosselklappe anstellt und die Hauptdüse mit dem Düsenträger herabsenkt. Nimmt man die oben beschriebenen Änderungen an einem SU-Vergaser vor, so ist es ratsam, die Funktion zur Anstellung der Drosselklappe stillzulegen und das Kaltstartgemisch allein durch Absenken der Hauptdüse relativ zum Düsennadelprofil zu erlangen. Statt dessen verwendet man das Gaspedal, um der Situation entsprechend die Drossel-

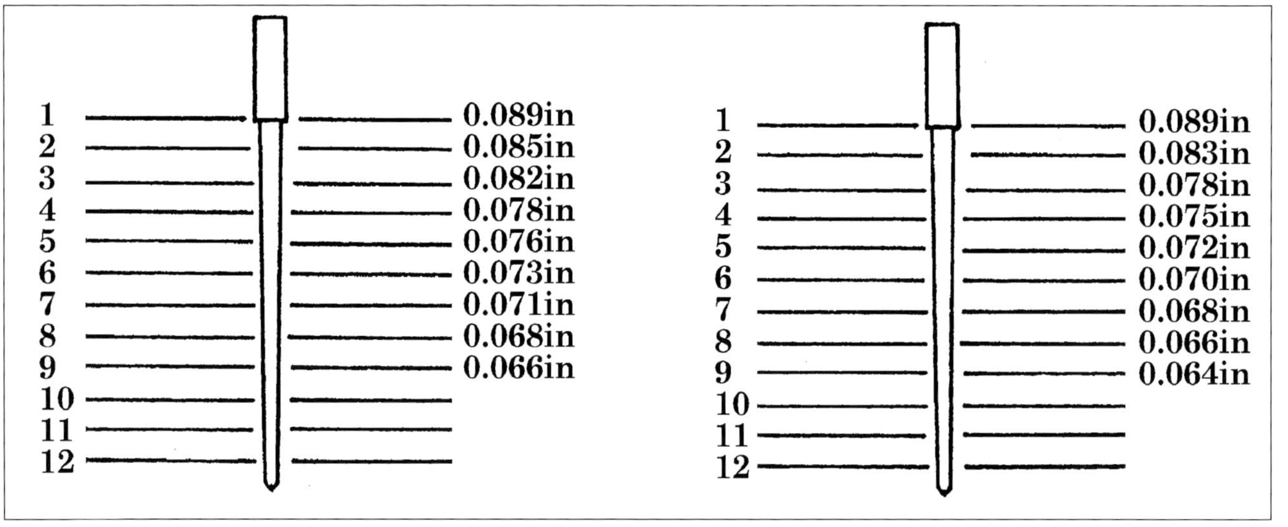

Die Nadel auf der rechten Seite ist für einen leistungsgesteigerten Vergaser geeignet, während die Nadel auf der linken Seite an einem Serienvergaser Verwendung findet. Die Düsennadeln sind beide aus einem SU-Vergaser der Größe 1 1/4 Zoll, wobei die Messpunkte nur bis zum Punkt der maximalen Auslenkung des Saugkolbens reichen.

klappe anzustellen, bis der Motor läuft. Ein stark leistungsgesteigerter Motor braucht nicht lange ein Kaltstartgemisch. Meist kann nach ca. 10 Sekunden der Choke wieder hinein gedrückt werden. Der Choke arbeitet nicht ordnungsgemäß, wenn die Drosselklappe angestellt wird, bevor die Hauptdüse sich absenkt. Der Kaltstartmechanismus muss so eingestellt sein, dass das Absenken der Hauptdüse und das Anstellen der Drosselklappe simultan erfolgen, wie es von der Konstruktion her auch vorgesehen ist.

KAPITEL 11

Vorlagen für Diagramme zur Bearbeitung des Düsennadelprofils

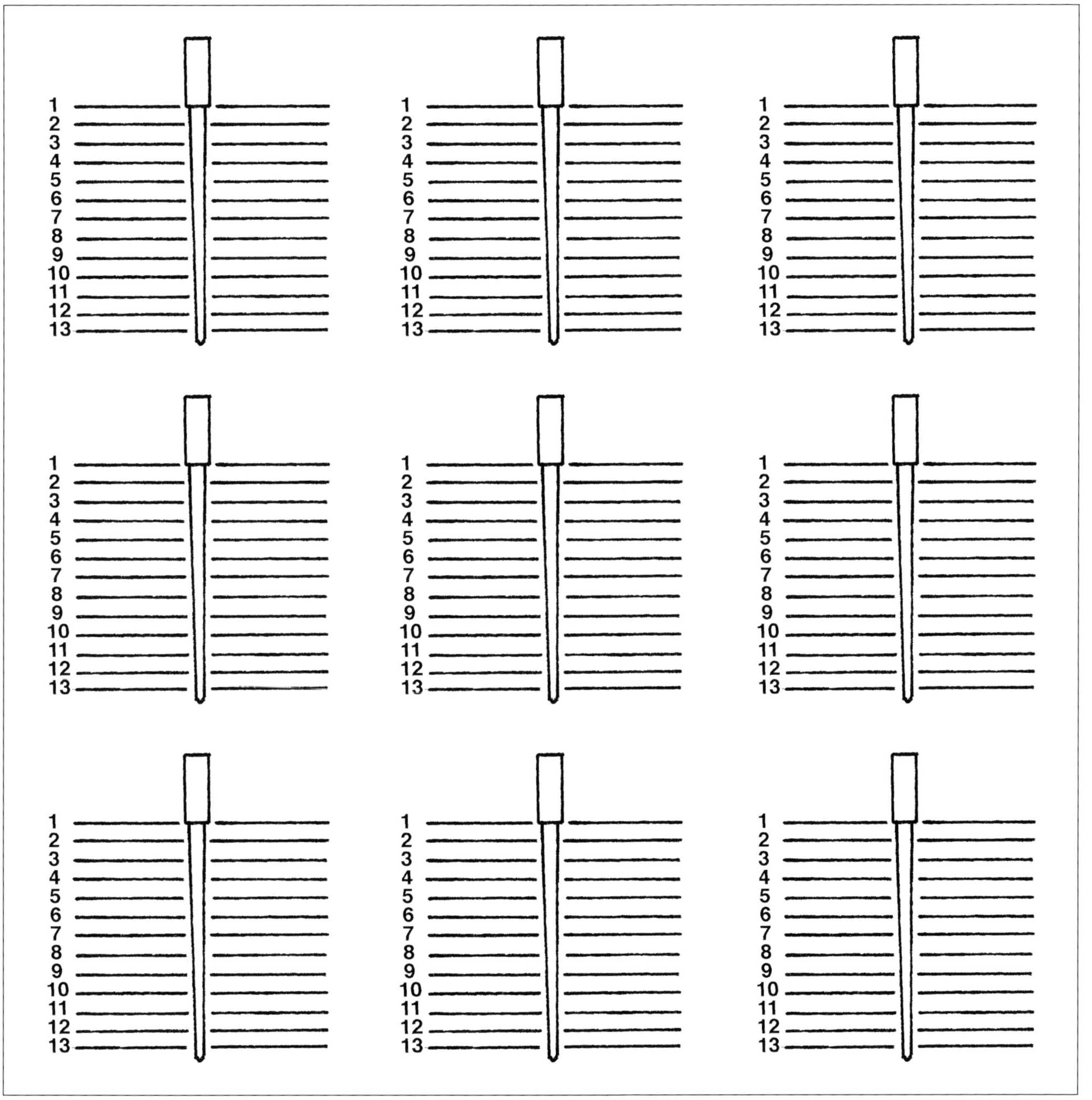

Für SU-Düsennadel der „fixierten Bauart", Größe 0,090 Zoll

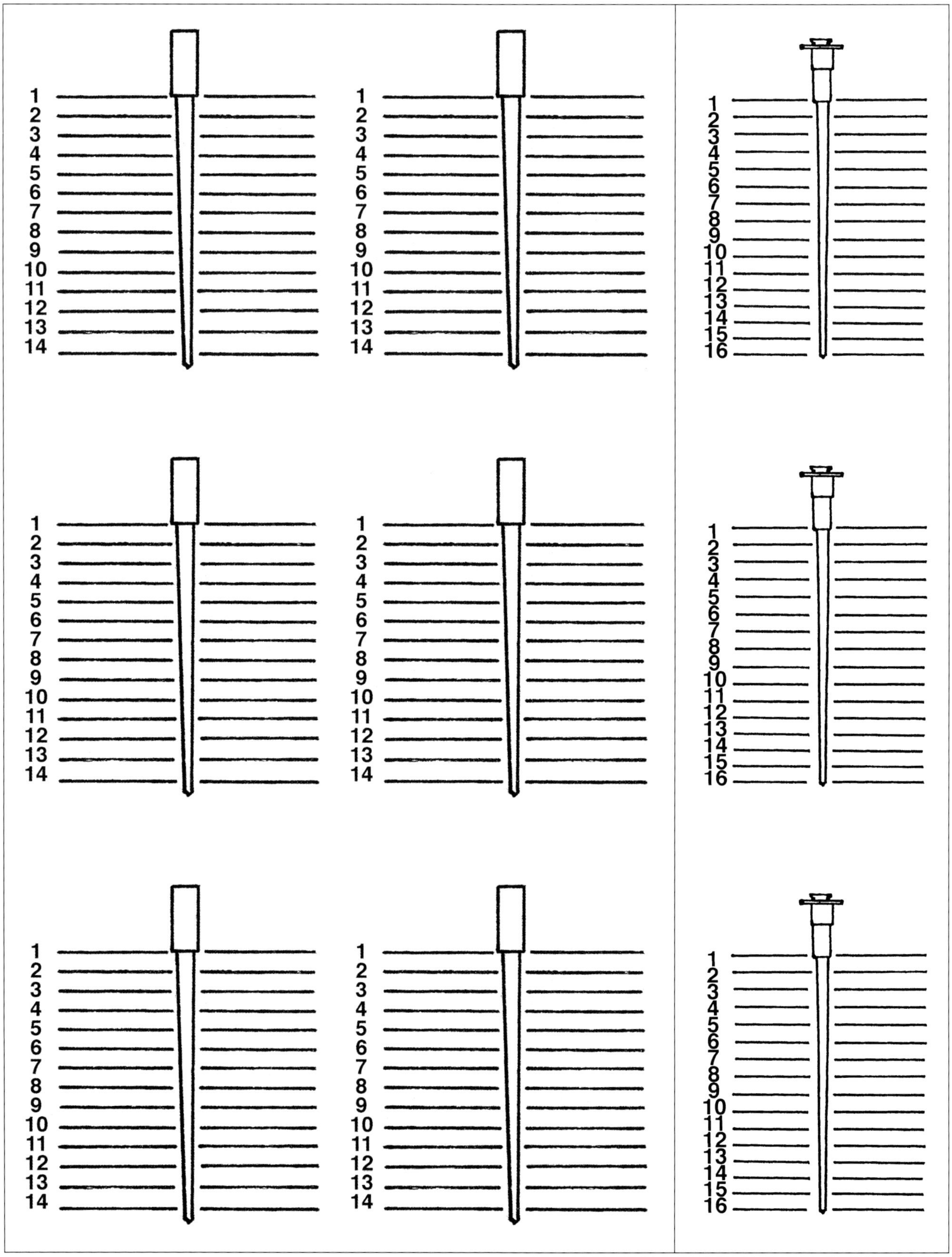

Für SU-Düsennadel der „fixierten Bauart", Größe 0,100 Zoll

Für SU-Düsennadel der federbelasteten Bauart, Größe 0,090 & 0,100 Zoll

VORLAGEN FÜR DIAGRAMME ZUR BEARBEITUNG DES DÜSENNADELPROFILS

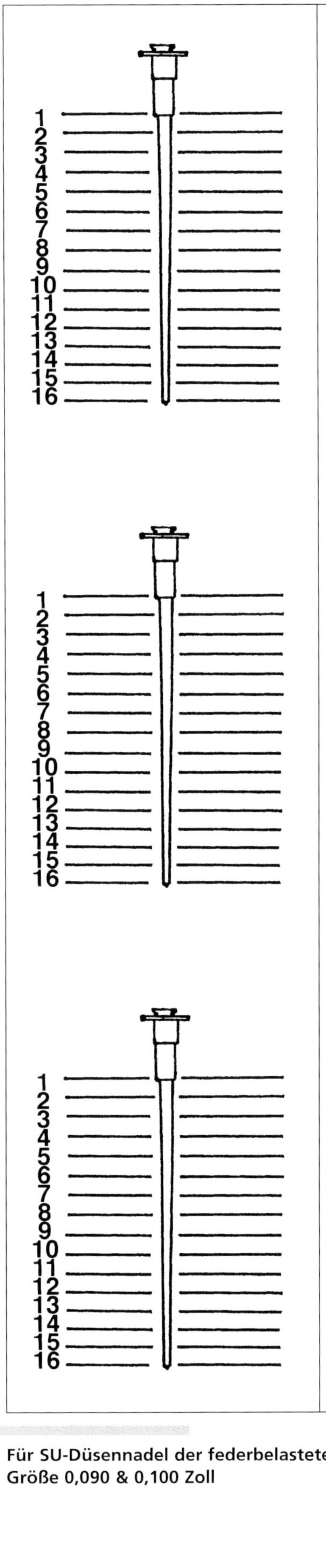

Für SU-Düsennadel der federbelasteten Bauart, Größe 0,090 & 0,100 Zoll

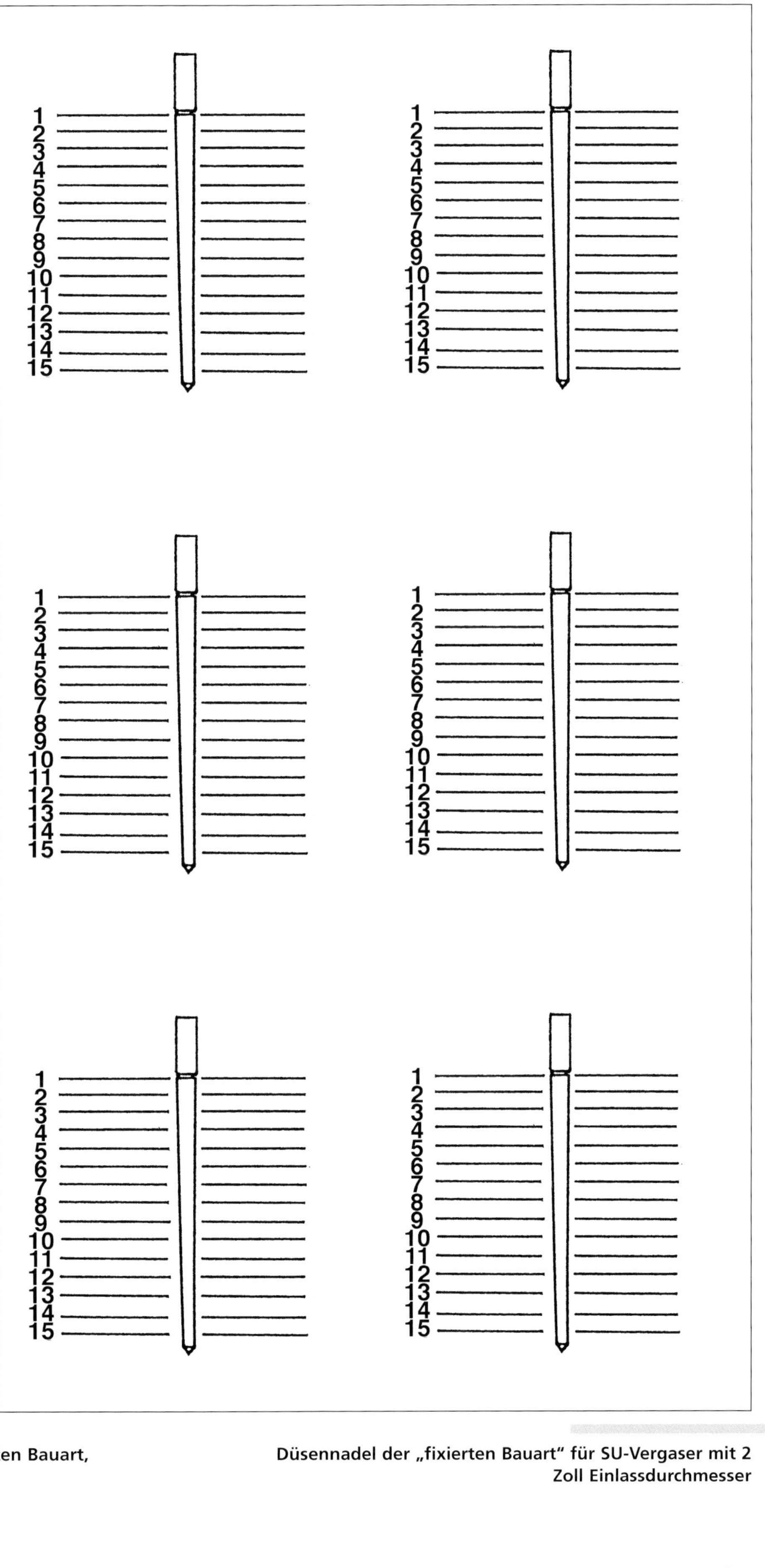

Düsennadel der „fixierten Bauart“ für SU-Vergaser mit 2 Zoll Einlassdurchmesser

ISBN 9783868529036
€ 29,95

ISBN 9783868527001
€ 24,99

ISBN 9783958435025
€ 59,–

ISBN 9783868528084
€ 19,99

ISBN 9783868524888
€ 17,99

ISBN 9783898803496
€ 29,95

ISBN 9783868523751
€ 29,95

ISBN 9783893659227
€ 24,99

ISBN 9783958437685
€ 59,–

ISBN 9783958435889
€ 29,95

ISBN 9783958439016
€ 39,95

ISBN 9783958439641
€ 29,95

ISBN 9783958433120
€ 24,99

ISBN 9783868520309
€ 29,95

ISBN 9783868520316
€ 19,95

ISBN 9783958437050
€ 19,99

ISBN 9783898804981
€ 59,–

ISBN 9783958437692
€ 39,95

ISBN 9783966641883
€ 19,99

ISBN 9783966641975
€ 19,99

ISBN 9783958433311
€ 59,–

ISBN 9783958431522
€ 19,99

ISBN 9783966641487
€ 49,95

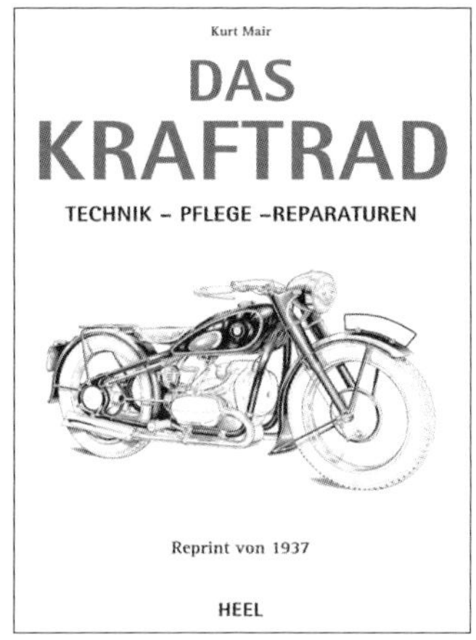

ISBN 9783868523072
€ 49,95

ISBN 9783868524871
€ 29,95

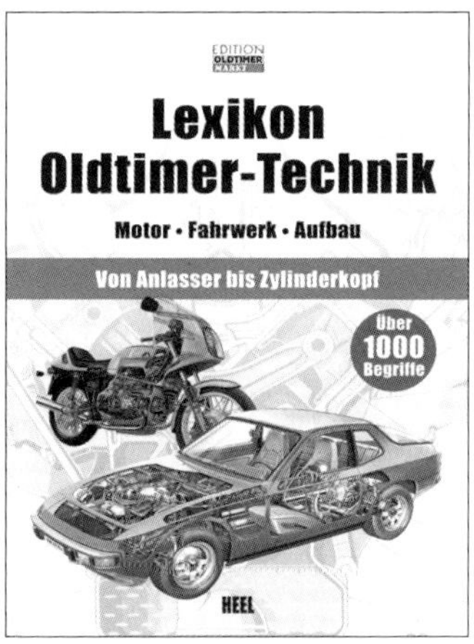

ISBN 9783958430280
€ 19,99

ISBN 9783966641371
€ 19,99

ISBN 9783958437678
€ 17,99

ISBN 9783958430327
€ 69,–

ISBN 9783868528138
€ 49,95

ISBN 9783868521023
€ 49,95

ISBN 9783868526929
€ 59,95

ISBN 9783958430075
€ 59,–

ISBN 9783958431447
€ 49,95

ISBN 9783868529463
€ 49,95

ISBN 9783898802017
€ 39,95

ISBN 9783868528121
€ 39,95

ISBN 9783958431454
€ 45,–

ISBN 9783868526998
€ 49,95

ISBN 9783958430075
€ 59,–

ISBN 9783898807180
€ 49,95

ISBN 9783898804233
€ 49,95

ISBN 9783868529470
€ 49,95

ISBN 9783958430433
€ 24,99

ISBN 9783898806312
€ 35,–

ISBN 9783868528855
€ 9,99

ISBN 9783958431454
€ 45,–

ISBN 9783898804899
€ 35,–

Unser komplettes Programm erhalten Sie im Internet unter www.heel-verlag.de und über jede Buchhandlung.